25 déc…

Tu es… …ir
reprendre …
de ta vie …

Joyeux Noël
très cher Henri !

Maman

Jean Rouaud est né en 1952. Écrivain, il a reçu le prix Goncourt pour *Les Champs d'honneur* en 1990. Il est l'auteur de *Kiosque*, disponible chez Points.

Jean Rouaud

L'AVENIR DES SIMPLES

Grasset

ISBN 978-2-7578-8793-6

À Eugène Varlin

À L214

« Pitié pour nous, Seigneur, pitié pour nous
Notre âme est rassasiée de mépris
C'en est trop nous sommes rassasiés du rire
[des satisfaits
Du mépris des orgueilleux. »

Psaume 122

« Gardez-vous d'écouter cet imposteur. Vous êtes perdus si vous oubliez que les fruits sont à tous et que la terre n'est à personne. »

Jean-Jacques Rousseau,
Discours sur l'origine et les fondements de l'inégalité parmi les hommes

« Ce que d'abord vous nous montrez, voyages, c'est notre ordure lancée au visage de l'humanité. »

Claude Lévi-Strauss, *Tristes tropiques*

Nous sommes en 1981 et Marguerite Yourcenar depuis son île du Maine nous entretient d'écologie. Le mot s'invite peu à peu dans le domaine public, qu'on associe généralement à une nostalgie rétrograde portée par de doux dingues qui rêvent de décrocher les vélos du clou, de planter un potager sur les toits, de s'éclairer avec le vent. Au mieux une utopie, et comme toutes les utopies moins un programme qu'une façon de déconsidérer par avance ce qu'on n'aimerait pas qu'il advînt. Libre à ceux-là de prôner un retour à la bougie et à l'araire. Pour les croyants du Progrès une croissance infinie dans un monde fini ne semble pas encore se heurter à une contradiction absolue. Pourquoi jouer à l'apocalypse quand les quelques ratés observables ici ou là, la pollution au mercure de la baie de Minamata, une fuite à la centrale nucléaire de Three Mile Island, ne sont imputables qu'à des étourderies ou un manque de connaissances. Nous savons, tout ira bien. La science arrangera ça. Ça ? Les ratés de laboratoire, les œufs cassés, les omelettes d'hommes.

Il faut bien admettre que certains voient plus loin que d'autres, non en lisant dans les boules de cristal mais en observant simplement la mécanique du monde. Et ce que voit la châtelaine des Monts Déserts, c'est ce qui, quarante ans plus tard, crève les yeux, hormis ceux de quelques climatosceptiques à la Donald Trump et de tous les complices de crime qui estiment que le glyphosate n'est pour rien dans le cancer qui décime ses utilisateurs. Avec le recul coupable et un peu honteux que nous donne le temps, nous l'écoutons décliner en de longues périodes, lentes et précieuses, l'implacable bilan écologique que nous feignons de découvrir aujourd'hui avec effroi.

La peur d'un embrasement terminal est déjà là, mais imputable non à un réchauffement de l'atmosphère ou un épuisement des ressources mais à la folie de deux hommes décidant, le doigt sur un bouton, de déclencher une déflagration nucléaire. Car on n'en a pas encore fini avec la guerre froide. Et Yourcenar raconte ce voisin richissime, qu'évidemment elle ne nommera pas, dit-elle d'un ton de petite fille espiègle, qui fait venir chaque jour de Paris des plats étoilés et a construit sous sa maison un abri antiatomique à plusieurs étages dans lequel il entasse des tonnes de conserves qu'il est obligé de renouveler tous les ans à cause de la date de péremption. « Et il s'imagine sortant de ses agréables solutions et mettant la tête dehors pour voir quoi : un monde dévasté. » Et après un temps de pause autant pour ménager son effet que pour nous préparer à un changement de registre dans son discours : « Ça ne me paraît pas très intelligent. »

Pas très, en effet. D'autant que faire le mort pendant trente mille ans en attendant que les particules se désactivent d'elles-mêmes tout en avalant des bancs de sardines à l'huile avariées, il n'est pas sûr qu'on en revienne. Que cet homme cherche à se protéger, on ne lui en fera pas spontanément grief, mais on remarquera que sa méthode consiste à plonger dans la rivière pour se préserver de la pluie. Le mieux serait donc de chercher à éviter le désastre.

La tragédie présente a au moins ce mérite de respecter la règle des trois unités. Unité de lieu, la terre et son atmosphère, unité de temps, ça urge, unité d'action, on ne se sauvera qu'ensemble. Hormis vivre sous une cloche martienne avec les colons d'Elon Musk, aucune frontière n'arrêtera la catastrophe, aucune directive mondiale qui sera immanquablement détournée par les escrocs de la finance ou les gouvernements vandales. Reste cet homme ordinaire qui depuis « l'État » souverain de son corps a ce pouvoir de douanier de n'accepter pour lui que ce qui est bon pour notre demeure commune. Ce qu'il traduirait comme ceci : *I would prefer not to*. La viande et les produits lactés, par exemple. Démultiplié, il est l'unique garant de notre sauvegarde.

« On n'est pas des imbéciles, on a même de l'instruction. » Dans le lycée Papillon médiatique, quand le sage nous montre la lune du doigt, on veille à ne surtout pas regarder le doigt sous peine de passer pour un cancre et de devenir la risée de la classe. Et levant d'un même mouvement les yeux vers le ciel nocturne, nous fixons d'un air pénétré la lune. Ce qui revient très exactement à obéir au doigt et à l'œil.

Comme si nous avions besoin du sage pour contempler la lune, comme si nous ne nous étions jamais aperçus de sa présence. Y aurait-il du neuf là-haut qu'on veuille tellement qu'on prélève de notre temps pour s'y attarder ? Mais comme nous sommes de bonne composition, éduqués et dociles, nous cherchons le nez en l'air quelque chose à y voir, comme si ce n'était pas déjà tout vu, et même la face cachée, et histoire d'avoir notre mot à dire, plutôt que chantonner l'ami Pierrot alangui dans son croissant qui nous vaudrait encore un ricanement, il nous revient dans un registre plus valorisant ce « petit pas pour l'homme » et ce « pas de géant pour l'humanité », par quoi Armstrong marqua de son empreinte le sol sableux de notre satellite. Même si dans le secret de nos pensées, décortiquant la phrase de l'astronaute, nous nous demandons quel profit l'humanité a bien pu tirer de ce petit pas de géant, connaissant que depuis ce 21 juillet 1969 les choses ne sont allées qu'en s'aggravant pour notre planète, et que la misère se porte toujours à merveille. D'ailleurs si peu intéressant ce grand petit pas que bientôt on se lassera de dépenser des milliards pour en rapporter des brouettées de cailloux.

S'il est un meilleur à garder de cette ruineuse aventure destinée principalement à faire la nique aux Soviétiques, bien mieux que la « pierre de la genèse » – du feldspath comme on trouve un peu partout – il faut le chercher du côté de Jim Irwin lors de la mission Apollo XV. Empêché par la NASA d'emporter ses clubs de golf pour tenter un swing formidable par-dessus le mont Hadley, il conduisit en compensation sa jeep lunaire pied au plancher, aussi vite qu'il put de son propre aveu, ce qui fait de la lune, avec ces traces de pneus en dérapage contrôlé inscrites pour l'éternité, un gigantesque bac à sable pour enfants. Du coup, la tête toujours en l'air, nous revient la face hilare de

Méliès avec son obus planté dans l'œil. Ce qui nous renvoie à l'expression courante, se ficher le doigt dans l'œil, et devrait nous mettre sur la piste. Remplaçons le doigt par un obus, c'est à peu près ce qui différencie la paille de la poutre.

De quoi aussi s'interroger : qu'est-ce que c'est que ce doigt qui visant d'autorité la lune et rien d'autre nous prive de toute l'immensité du ciel ? Piètre astronome, ce sage, qui du monde céleste se contente d'attirer notre attention sur un seul point qui est sa partie la plus commune, quand il pourrait nous enseigner le nom des constellations, compter avec nous les anneaux de Saturne, peigner de ses doigts écartés la Chevelure de Bérénice, nous conter les amours du Bouvier et de la Tisserande, s'émerveiller de la beauté d'une aurore vert émeraude. On pourra objecter que c'est une histoire de vieux Chinois à la barbe taillée en pointe et au sourire énigmatique lançant des sentences à se frapper le front du poing, mais pas seulement. Après la mise en œuvre du programme kennédien en vue d'une nouvelle frontière lunaire (ce qui dit clairement que l'esprit de conquête n'a jamais assez d'espace, *Lebensraum* ou autre), le sage est devenu aujourd'hui milliardaire. Il montre toujours la lune mais avec la promesse, négociée à prix d'or, dans un premier temps de la contourner avant dans un futur proche d'y poser un pied chaussé de tongs. À quoi se prépare un nabab japonais qui a déjà réservé sa place avec valise et tuba dans le train spatial. Pas pour nous de toute façon. Une affaire de milliardaires. Un entre-soi de comptes en banque stratosphériques.

Mais cette lune toujours agitée comme un pendule hypnotique sous notre nez, le sage serait-il complice de ceux qui profitent de notre attention fixée sur son disque pour nous vider les poches ? Se livrer à notre insu à leurs manigances d'exploiteurs, de pilleurs, de négriers ? Qu'est-ce que c'est que cette sagesse qui nous détourne de l'intérêt que nous pourrions porter à nos vies et nous commande de regarder en l'air au risque qu'on se prenne les pieds dans le tapis des vicissitudes ? Et puis ce geste du doigt nous rappelle cette ruse grossière du cinéma muet où la victime signale à son agresseur un pigeon imaginaire dans son dos dans l'espoir qu'il jette un œil par-dessus son épaule, ce dont le petit malin profitera pour décamper ou frapper. Par quoi l'on comprend qu'on attend bien de nous qu'on obéisse au doigt et à l'œil. Et malheur à l'idiot.

Plutôt que de nous laisser magnétiser par ces « fabricants de rêves » pour pigeons virtuels, si pauvres en imaginaire qu'ils n'ont que cette vieille lune à proposer, peut-être devrions-nous, comme l'idiot, baisser les yeux et nous intéresser à ce doigt qui est comme la baguette du maître pointant le b-a ba sur le tableau noir de la nuit. Demandons-nous à quelle main il appartient, ce doigt, et cette main à quel bras, et ce bras à quelle épaule, et sur cette épaule en quoi la tête posée incarnerait l'esprit de sagesse. Ainsi planté comme un sémaphore, le sage au doigt dressé ressemble à ces corps congelés qui, dans le *Kaputt* de Malaparte, servaient en Ukraine de poteaux indicateurs à l'armée allemande. C'est par là, disent-ils dans la langue du givre. La vraie fonction du sage est de travailler, en toute bonne logique qui est la logique du pouvoir, à la glaciation des esprits, et par cette partition qu'il opère, de dénoncer, clouer au pilori de la honte les « déviants » de la visée officielle qui n'obéissent pas à ce doigt et qu'il fait passer pour des idiots. Le sage est un indicateur de police.

Le sage – et ses avatars contemporains, l'expert, le philosophe – est devenu une figure de l'autorité, impartiale, prophétique, quasi divine, de sorte que la sagesse s'impose comme la parole révélée, un commandement de la loi. Quelle loi ? La loi du dominant. Et pour cela la sagesse ne s'avance plus sous son masque ancien, confucéen, mais sous celui moderne et intimidant de la raison. « Il faut savoir raison garder » constitue le « point Godwin » de l'argumentaire politique. La raison garde toujours un pied sur notre gorge pour ne pas qu'elle chante, pour ne pas qu'elle accuse. À la raison s'oppose la déraison, et donc les maladies mentales, le *serial killer*, l'illuminé qui se jette bras écartés du haut de la tour Eiffel, deux et deux qui feraient cinq. Comment donner raison à la déraison ? De sorte que tout argument jugé par l'expert déraisonnable rejoint l'homme chauve-souris sautant dans le vide. D'où l'intérêt de rendre déraisonnable ce qui contrarie le marché. Par exemple, il est devenu déraisonnable de repriser quand on peut s'offrir une paire de chaussettes pour trois fois rien, de coller une rustine à l'endroit de la crevaison quand il est tellement plus simple de changer la chambre à air, de conserver ce qui n'a plus d'usage – ce qui a été un réflexe de survie pendant des millénaires – quand tout est conçu pour être jetable. La déraison est le nouveau territoire à coloniser, avec ses humains et ses sous-sols à exploiter, humilier. Est déclaré déraisonnable ce qui n'est pas rentable.

Léon Werth, qui avait connu la guerre dans les tranchées avant d'y être blessé et d'assister dans les chambrées d'hôpitaux au spectacle désolant de l'arrière avec les médecins jouant aux gradés et les dames patronnesses toujours prêtes à s'émouvoir et à entonner *La Marseillaise* au chevet des agonisants, a noté cette sélection des larmes chez les possédants. « La bourgeoisie a transformé en saints les blessés de guerre. Pourquoi ? Accordait-elle la sainteté aux accidentés du travail ? » C'est qu'elle « apaise sa conscience en anoblissant les victimes ». Pas n'importe quelles victimes visiblement. Et surtout pas celles pour lesquelles elle pourrait raisonnablement se poser la question de sa responsabilité, les victimes du travail, des journées de dix heures, des poumons ravagés par la silicose. Se rappeler que pendant la première guerre, jamais l'état-major allemand n'a été bombardé, et qu'ont été épargnées les installations sidérurgiques des Schneider au Creusot qui pourtant ravitaillaient le front en canons. De sorte qu'on aboutit à cette aporie : la guerre est raisonnable.

La raison a tellement basculé du côté du pouvoir qu'elle en est devenue la caution imparable. Si la raison n'était pas passée entre les mains des philosophes, elle serait juste un argument de conversation banal. Tiens, oui, tu as raison. Ou pas. Et on passerait à un autre sujet. Au lieu que par le triomphe des Lumières, par la Raison suprême à laquelle fut dédié un « culte », elle est devenue l'armature conceptuelle de toute décision tombant de haut. Et par là même l'avocate de toutes les malversations du pouvoir. Aux dénonciations des conséquences désastreuses des épandages de pesticides et autres semences de mort, la raison réplique avec aplomb qu'il n'y a pas de « raison » d'incriminer telle ou telle substance dans cette prolifération de fœtus malformés et de bébés sans bras dans les décharges de Monsanto, à Anniston en Alabama, aux alentours de champs traités dans des communes de l'Ain et de Bretagne. Pas de raisons de mettre sur le dos des produits qu'ils manipulent les cancers de la thyroïde et la maladie de Parkinson qui frappent les agriculteurs et l'hécatombe d'enfants à Sainte-Pazanne en Loire-Atlantique. S'indigne-t-on du traitement réservé à ces vaches transformées en bathyscaphe pour surveiller leur estomac multiple, une imbécile et néanmoins secrétaire d'État à la transition écologique, déclare la voix vibrante, que, oui c'est insupportable, mais au nom de la science, n'est-ce pas ? Et la liste est longue de ces catastrophes raisonnables qu'on imputera au hasard, à pas de chance, ou à la loi des séries aussi longtemps que rien n'aura été scientifiquement prouvé. Les laboratoires sont formels : toutes les substances incriminées sont en dessous du seuil de toxicité, signé FNSEA, Bayer, Monsanto, Total, Sanofi et la phalange des sponsors du progrès, les grands triomphateurs de la raison appliquée. Et l'effet cocktail ? Un peu de ceci plus un peu de cela, plus une pincée de pesticide, plus un soupçon de néonicotinoïdes, le tout assaisonné de soja transgénique ?

Allons, qu'on n'aille pas se laisser intoxiquer, ou plutôt influencer par ces images, préoccupantes, mais qui ne prouvent rien. Un bras en moins, on accusera un dérèglement génétique. Ou n'y aurait-il pas un alcoolique dans la famille ? un cas d'inceste ? Méfions-nous de nos attendrissements. Les images sont trompeuses, on peut leur faire dire n'importe quoi. Derrière chaque image alarmante il y a un complotiste, un contempteur borné du Progrès qui a sans doute des actions chez les derniers fabricants de fléaux ou de moulins à café mécaniques. Une main prise dans le pot de confiture ne signe en aucun cas pour un larcin. Quand bien même il manquerait cinq doigts à cette main. Il faut savoir raison garder. D'ailleurs on va s'en remettre au verdict impartial des scientifiques qui nous démontreront que pour l'heure rien ne permet d'établir un lien de conséquence entre les produits dénoncés et les malformations ou les maladies. Le diagnostic négatif étant inclus dans la commande.

Combien de milliers de vies sacrifiées avant la reconnaissance de la toxicité de l'amiante ? Les hommes crachaient leurs poumons, et les docteurs tant-mieux les accusaient de trop s'exposer aux courants d'air. À présent qu'il n'y a plus de profit à tirer de l'amiante, que les usines sont vétustes et les machines épuisées, que le produit de remplacement est au point, dont on décidera de la toxicité plus tard, nous acceptons d'apposer sur les sacs d'amiante la tête de mort sur sa croix de tibias. Quant aux mises en accusation des responsables, la Cour de cassation s'en charge : acquittés. La justice est le Père Noël des puissants qui n'ont qu'à lui adresser leurs lettres de souhaits. Avec cette particularité que les cadeaux circulent dans l'autre sens. C'est la lettre qui est gonflée de présents.

Il y a toujours un expert certifié pour ramener à la raison les âmes sensibles. Non, les particules contenues dans les gaz d'échappement ne sont pas la cause de l'inflation des allergies pulmonaires. Je l'affirme et je signe, dit l'éminent professeur des voies respiratoires, droit dans les yeux, comme le disait Jérôme Cahuzac, autre figure de l'intégrité. Et celui-là, cet expert, cet homme de science, ce sage, chargé de convaincre les élus du peuple de la commission du Sénat, a certainement raison puisque, comme on l'a appris par la suite, il était appointé par Total. Pourquoi s'en émouvoir ? Si la société elle-même a payé ce pneumologue, médecin-conseil salarié du groupe, c'est tout simplement qu'elle lui a commandé ce rapport dans un souci de bien-être des consommateurs, et que toute peine mérite salaire. Total ne choisirait pas d'intoxiquer ses clients, enfin si, mais juste le temps de mettre la main sur une production énergétique profitable compatible avec la « durabilité » du monde. Encore une minute, monsieur le bourreau aux bronches sensibles, on a des stocks à épuiser, des contrats à respecter avec les démocraties du Golfe. Il faut savoir raison garder. Et si la justice s'est mollement prononcée sur ce faux témoignage, une amende de 20 000 euros pour une récompense de 400 000, c'est plus qu'un encouragement au mensonge pour le docteur Aubier et ses pareils.

Toujours drapée dans son imagerie d'Épinal où elle sauve l'enfant mordu par le chien enragé, on ne saurait suspecter la science de collusion d'intérêts. Quand bien même la caution humaniste a souvent servi de masque à une recherche tendue vers elle-même et peu regardante sur les moyens. C'est Ambroise Paré, connu pour sa ligature des artères, qui perce d'un coup de lance l'œil des condamnés à mort qu'il a commandé qu'on lui livre, afin de reproduire sur eux et de mieux étudier pour la soigner la blessure du roi Henri II reçue lors de sa joute tragique avec le capitaine de sa garde écossaise. Le roi est mort, et les condamnés quasiment qui sont en attente d'exécution de toute façon. Un œil en moins n'y changera rien. La souffrance infligée ? Voir également le docteur Beaumont qui en 1822 recueillit un jeune trappeur au ventre troué, Alexis Saint-Martin, qu'il martyrisa pendant dix ans, empêchant toute cicatrisation pour avoir, par ce judas dans la peau, une vue directe sur l'estomac. Alexis Saint-Martin est le précurseur non crédité de la « vache à hublot ». Voir les expériences du docteur Leo Stanley sur les détenus de la prison de San Quentin, les médecins d'Alabama observant le progrès de la syphilis sur des Noirs à qui pendant quarante ans, jusqu'en 1970, ils cachèrent la vérité, provoquant la mort de 140 d'entre eux. Voir l'unité 731 regroupant des médecins et chercheurs japonais désireux de rattraper le retard scientifique de leur pays sur l'Occident, dont les procédés pendant la guerre avec la Chine sur hommes, femmes et enfants auraient fait tourner de l'œil à Mengele lui-même, provoquant la mort de 300 000 ou 400 000 ou 500 000 victimes. Un seul mot d'ordre pendant les opérations : pas d'anesthésie. « Les cobayes furent bouillis vifs, brûlés au lance-flammes, congelés, électrocutés, tués dans des centrifugeuses géantes, soumis à une exposition aux rayons X. Des détenus furent complètement déshydratés, c'est-à-dire momifiés vivants. On les desséchait jusqu'à ce qu'ils ne pèsent qu'un cinquième de leur poids originel. On étudiait également sur eux les effets du cyanure d'hydrogène, de l'acétone, et du potassium. Certains détenus étaient affamés et privés de sommeil jusqu'à la mort. D'autres furent soumis à des expériences de décompression, et d'autres encore subirent des transfusions de sang de cheval et d'eau de mer. Vivants, ces cobayes voyaient leurs corps pourrir, des bouts d'os ressortir des chairs noires de nécrose. Aucun de ces cobayes n'est ressorti vivant. »

L'un des membres de cette unité terrifiante, le docteur Ken Yuasa, fut contraint après sa capture par les Chinois de témoigner par écrit de ses expérimentations (par exemple, tirer délibérément plusieurs balles sur un prisonnier que l'on opérait ensuite sans anesthésie), l'écriture – et c'est sa puissance de révélation – lui offrant de découvrir l'horreur des atrocités commises quand il avouait s'y être habitué. De retour au Japon il parcourut le pays pour dénoncer ce qui s'était passé au nom de l'impérialisme, recevant pour sa dénonciation des crimes des menaces de mort. On se persuade toujours que ce dévoilement mettra un terme à ce genre de pratique quand en réalité il ne fonctionne que comme une boîte à idées et encourage la surenchère.

Ce surplus d'horreurs n'enlève en rien ses mérites au docteur Mengele qui à Auschwitz se réjouissait de faire progresser la génétique à l'aide de tous ces corps généreusement mis à sa disposition, dont il usait selon ses intuitions. Il avait été initié à cette science neuve par le docteur Fischer dont il fut l'assistant, lequel s'était livré à des expérimentation du même ordre sur les Héréros en Namibie dans ce qui fut, en 1905, le premier génocide du XXe siècle, expériences qu'il avait poursuivies sous le régime nazi sur les Roms et sur les Africains encore. Après avoir conseillé son ancien élève à Auschwitz, Fischer devait mourir en 1967 à Fribourg-en-Brisgau, dans son lit, comblé d'honneurs et de décorations scientifiques, sans jamais avoir été inquiété. Comment aurait-on pu suspecter un grand ami d'Heidegger ? Toutes portes fermées leurs conversations ne se limitaient certainement pas à l'être et au temps. Se poser ici la question, avec qui l'on pense. Heidegger comme Céline.

Et toujours, et encore, les millions de petits animaux martyrs, utilisés comme brouillons par les expérimentateurs, qu'on jette comme des feuilles chiffonnées de papier dans la corbeille après leur avoir infligé, comme aux humains, des traitements atroces. Parfois pour le seul bénéfice d'un rouge à lèvres ou d'une crème antirides.

Claude Bernard, l'illustre biologiste dont la méthode inspira Zola pour élaborer son roman « expérimental » (l'entendre au sens scientifique et non poétique) par lequel il voulait enseigner « l'amère science de la vie », se flattait d'avoir découpé dix mille grenouilles auxquelles il lui arrivait d'injecter du curare. Il devait trop s'en vanter. Horrifiée par ce massacre à grande échelle, et d'avoir à partager sa couche avec un tortionnaire sanguinaire, sa femme le quitta, ses filles cessèrent de le voir, toutes trois devenant végétariennes et d'ardentes militantes de la cause animale. Pas de quoi bouleverser les pratiquants de l'église scientifique. On n'arrête pas le progrès. Dans les fermes à sang d'Argentine on insémine des juments qu'on avorte à répétition sans anesthésie. Après quoi on les saigne, et on prélève le plasma qui sera envoyé dans les haras français pour aider à la sélection et l'amélioration des performances. Ce qu'on teste sans doute déjà sur les fœtus portés dans les ventres de femmes misérables. Et pour masquer ces torrents d'horreur, le petit Joseph Meister tendant son bras mordu au bon Pasteur pour qu'il le sauve de la rage. Arbrisseau vertueux dissimulant une forêt de profits.

En juillet 1945, dans le désert du Nouveau-Mexique, alors que les concepteurs de la première bombe A voyaient s'élever le champignon atomique au-dessus de la base aérienne d'Alamogordo, tous les témoins effarés par sa puissance dévastatrice – $E = MC^2$, c'est une chose, la réalité en est une autre –, on vit Kenneth Bainbridge se pencher à l'oreille d'Oppenheimer et lui souffler : *Now, we are all sons of bitches*. On peut traduire crûment, on peut aussi traduire par : maintenant on ne peut plus se raconter d'histoires sur une science innocente et déresponsabilisée quant aux conséquences de ses trouvailles. Et Kenneth Bainbridge, en même temps que Ken Yuasa, passa le reste de sa vie à dénoncer inlassablement l'arme nucléaire.

Science et raison sont devenues les armes létales du pouvoir. Le triomphe de la raison est le signe très sûr d'une carence en imaginaire. Savoir raison garder dit très exactement qu'on n'a pas les moyens d'autre chose, que ce petit périmètre triomphant est le pré carré des pauvres en esprit, incapables de voir plus loin que les bornes qui les limitent. Au-delà, ils ont déclaré que c'était déraisonnable, poétique, insensé. Les sages, les hommes de savoir estampillés, et estampillés par qui sinon par les plus offrants, sont les affidés des puissants qui leur fournissent ce succédané d'imaginaire qu'est le pouvoir. L'imagination au pouvoir est un oxymore. La volonté de pouvoir marque le degré zéro de l'imagination. Le pouvoir ne s'imagine que se perpétuant. Si les hommes et femmes de pouvoir s'accrochent avec un acharnement pathétique à leur fonction, c'est qu'ils sont démunis sans ce tuteur institutionnel, c'est qu'en dehors ils ne savent littéralement pas quoi faire.

Serviles ou mercantiles, les sages et hommes de savoir cherchent là où on leur demande contre salaire de chercher. Sous le halo des réverbères de l'atome, des molécules chimiques, des nanoparticules, des circuits du numérique, des ondes, de la chirurgie plastique, des semences, des cellules. Et ils trouvent ce qu'on leur demande de trouver. Et puis il y a la vache à lait – non pas la vache qui est un animal pacifique –, il y a la guerre, la bonne vieille guerre dont on sait qu'elle est une alliée du progrès, qui couve un peu partout et sur laquelle il suffit de souffler pour attiser les conflits. Tellement profitable la guerre, qu'on ne saurait priver de Mirage et de Rafale la très solvable Arabie saoudite sous prétexte qu'elle se comporterait mal avec ses journalistes contestataires, avec les femmes, avec la population du Yémen. En mesure de rétorsion on décrétera avec fermeté un embargo sur les poêles à bois à destination de Riyad. La guerre qui se réserve en exclusivité le fruit de ces « innovations » scientifiques, qui en possession de ces merveilles technologiques enrage de ne pouvoir les utiliser. Quand elle piaffe, on n'hésite pas à lui donner un coup de pouce, en prétextant le stockage d'armes chimiques, par exemple. Tellement frustrant d'inventer des merveilles de destruction massive ou sélective (dans ce cas il est question de frappes « chirurgicales », ce qui constitue un renversement sémantique assez gonflé puisqu'il implique que la guerre, non pas détruit, mais répare, une guerre soignante, en somme, une guerre médecin du monde, et le général masque blanc sur le nez, demandant à son servant, après avoir étudié le corps à traiter, une bombe à neutrons s'il vous plaît, comme dans un bloc opératoire le chirurgien réclame une pince), et de ne pouvoir les tester.

Au hasard, parmi un arsenal de mort de plus en plus sophistiqué, les bombes thermobariques, bien qu'elles datent déjà – et c'est pour cette raison qu'on les connaît, signe qu'on est déjà passé à autre chose, grâce à quoi elles ont déjà rejoint l'arsenal ancien à côté de la bombarde et du canon de 75 –, bombes thermobariques qui brûlent l'air ambiant et provoquent un éclatement des poumons : « À charge militaire égale une arme thermobarique sera plus puissante. L'arme thermobarique peut aussi tuer même sans contact direct avec la "cible" (écrasement des organes, asphyxie). » Ainsi il se trouve des scientifiques pour inventer de telles choses, et rentrer satisfaits chez eux le soir après leur journée de travail, s'installer devant la télévision en réclamant des glaçons pour leur verre de whisky, de même que les commandants des camps jouaient avec leurs enfants de retour au foyer familial. À noter la qualification des victimes qui passent de « rats » ou « vermine » dans la bouche des nazis, Céline compris, à « cible », chez ces scientifiques humanistes, une cible comme au tir au pigeon d'argile. Ce qui revient, ces meurtres en série, à casser des assiettes.

Quand ils se penchent ailleurs où il n'y a pas de profit en vue : sur un petit cheval gravé dans la roche, sur un bout de papyrus écrit en araméen, ou qu'ils interrogent la symbolique d'une baleine blanche quand la blancheur – jusque-là l'innocence, la vertu – incarne soudain la figure du mal (on peut ainsi rire jaune devant la photographie d'un gâteau blanc en forme de champignon atomique que s'apprête à découper, tout sourire, pour fêter Hiroshima et Nagasaki, une dame de la bonne société américaine, c'est pourquoi nous proposons d'appeler ce gâteau Moby Dick), les travaux des chercheurs n'intéressent pas. À quoi bon par exemple se pencher sur une maladie orpheline, tellement orpheline qu'on ne voit pas d'« intérêt » à l'adopter. Une bonne maladie est une maladie rentable. Toute étude sur les bienfaits du jeûne ne trouve pas de financements pour la simple raison qu'on n'a aucun produit à faire avaler. Jusqu'au jour où l'on inventera de commercialiser des bulles d'air à tous les parfums pour les trois repas quotidiens.

L'intérêt de la maladie est un intérêt boursier. On spécule sur la maladie comme sur un cours en Bourse. En quoi rien ne vaut une épidémie mondiale ou, à défaut d'en inventer (la propagation de la maladie de Lyme partirait ainsi des laboratoires de l'armée américaine), de fabriquer des conditions addictives, de convaincre que le cholestérol se combat par l'absorption quotidienne de pilules de statines. Chaque jour de sa vie jusqu'à son dernier, qu'on va s'efforcer de repousser au plus loin pour garantir une manne aussi mirifique. L'invention pharmaceutique de la rente.

Que des voix s'élèvent pour contester le bienfait et la justification du traitement, on envoie la meute des majors pour les disqualifier, dénonçant des charlatans – bien qu'étant pareillement diplômés – qu'au besoin on radiera de l'Ordre des médecins. Ordre créé par Pétain sur la proposition d'un député socialiste, incluant un numerus clausus pour les médecins juifs, lesquels ne bénéficieront d'aucun soutien de leurs confrères quand on viendra les arrêter. On imaginerait à ce moment en signe de protestation et de solidarité une démission en bloc des membres du Conseil. Trop d'imagination. L'imagination ne fréquente pas les allées du pouvoir où l'on croise la bassesse et la compromission. La plupart des médecins applaudirent.

Ce sont les mêmes qui en 1941, à Vichy, pour complaire à l'industrie pharmaceutique, interdirent les herboristeries, interdit toujours en vigueur, qui étaient pourtant un témoignage de cette science ancienne qui avait traversé les siècles dans le jardin des simples, tout un savoir ancestral basé sur l'observation, de même que les Indiens d'Amazonie auxquels on doit le curare connaissaient toutes les propriétés des plantes de leur environnement.

Il s'agissait pour nos simples des jardins médiévaux d'un savoir comparable. Ceci par exemple : « L'hysope, contre les affections bronchiques, la lavande, contre les troubles du sommeil, la mélisse, contre les troubles nerveux du sommeil et digestifs, la menthe, contre les troubles de la digestion, le romarin, pour son action sur le foie et son côté stimulant, la sauge officinale, contre les problèmes digestifs et les règles difficiles, le thym pour éloigner les rhumes, et encore l'aneth, l'armoise commune, la camomille romaine, le coquelicot, le fenouil doux, la marjolaine vraie, le serpolet, le souci, la verveine odorante, la verveine sucrante. » Et pour les ricaneurs, un chercheur marocain, Adnane Remmal, se souvenant de son enfance et de l'usage que les siens faisaient des plantes dans l'Atlas, a trouvé le moyen de renforcer le pouvoir des antibiotiques par les huiles essentielles.

« Are you going to Scarborough fair / Parsley, sage, rosemary and thyme. » L'une des plus vieilles et plus

belles chansons du monde que reprendra le génial Paul Simon. Remplacer persil, sauge, romarin et thym par Prozac, Spasfon, statines et Stilnox, on ne perd pas seulement en poésie. Qu'on pût se soigner sans le recours de la pharmacopée industrielle, simplement avec des herbes, comme des animaux, c'était un reliquat d'arriération médiévale, de vieilles croyances, d'ailleurs les jardins des simples poussaient dans le clos des monastères. Autant croire au Père Noël. Aussi ridicule que de s'en remettre aux rebouteux. Même si, mais chut, ces chamans des campagnes qui soignent les mains ébouillantées par quelques formules et passes magiques ont repris du service clandestinement dans les hôpitaux à la demande du personnel soignant, quand tout l'arsenal pharmaceutique échoue à calmer les souffrances des grands brûlés. On les appelle les coupeurs de feu.

Nous sommes entourés de ces doigts dressés des confucéens de la modernité néolibérale, qui nous obligent à lever le nez, attirant notre attention sur les courbes de la croissance, du CAC 40, de la consommation des ménages, du produit intérieur brut, de la productivité des entreprises, du commerce mondial, nous mettant en garde contre les méfaits de l'inflation pour laquelle ils ont une attention toute particulière puisque c'est elle, galopante, qui pourrait dégonfler dramatiquement les comptes offshore des nantis. À la seule pensée que ces milliards ne pourraient pas valoir plus qu'un sac Vuitton qu'ils paieraient d'un semi-remorque de cartes bancaires, les voilà qui prennent la voix chevrotante et nous assurent, doigt levé, comme le bon Delors de jadis, qu'un point d'inflation en moins, c'est un million d'emplois en plus. Hausse des prix tenue serrée depuis des lustres, salaires en berne, on attend toujours.

Il y a longtemps que les prévisions météo voisinent avec les cotes boursières dans les journaux d'information radio ou télé, les encadrant comme des génériques de début et de fin, quand ils sont les témoignages de deux « sciences » aléatoires : l'économie et le temps, s'épaulant mimétiquement l'une l'autre à travers leurs prévisions à court terme, usant d'un même vocabulaire météo : embellie, beau fixe, avis de tempête, ouragan. Pour le long terme voir réchauffement climatique et prêts hypothécaires à risque, alias *subprimes*.

Les mêmes doigts nous ont convaincus depuis qu'il faudrait désormais s'habituer à ces files incompressibles de chômeurs. Les « longue durée » ont beau basculer mécaniquement dans les « fin de droits » et disparaître dans les oubliettes des statistiques, rien n'y fait. Les chiffres ne dégonflent pas. Gardons raison et ouvrons les yeux. Parce que l'informatique, les robots, les voitures et les trains sans pilote, les hôpitaux sans personnel soignant (à quoi bon puisque notre « jumeau numérique » absorbera les traitements à notre place, mourra à notre place), les champs labourés et semés par GPS, les vaches traites par prélèvement automatique, la disparition des caisses dans les supermarchés (en fait de caisses il s'agit plutôt de caissières et de caissiers), les drones arrêtant d'un rayon paralysant les voleurs à la tire et saupoudrant de la dose exacte de persil une salade de tomates avant de partir semer ailleurs leur ivraie transgénique, les satellites surveillant la montée du lait dans les casseroles et propulsant la trottinette électrique sur laquelle se dresse comme un aurige l'hologramme de Mélenchon, les poules sans dents, enfin sans bec qu'on leur cisaille pour leur éviter de s'abîmer les chairs, ce qui déprécie la marchandise, les jambons sans groin, la monnaie sans monnaie, la vie sans la vie, l'humanité sans humains.

Ce dont on nous rend responsables, faute de n'avoir pas assez consommé, travaillé, couru, pris sur notre temps de sommeil, sur notre fatigue, coupables d'avoir tenu trop longtemps la main d'un enfant sur le chemin de l'école, d'avoir trop forcé sur les antidépresseurs, d'avoir été grippés (qu'à cela ne tienne, et hop, un vaccin contre la grippe), incommodés par les particules fines échappées des pots d'échappement, intoxiqués par les eaux usées et les épandages, d'avoir attendu trop longtemps avant de renouveler notre garde-robe, notre voiture, nos lunettes – car on compte sur nous, les endettés jusqu'au cou, pour relancer la croissance –, d'avoir bronché devant les frais exorbitants de dentition, d'avoir négligé de s'abonner à l'offre promotionnelle, d'avoir trop bien lu que passé trois mois elle était multipliée par cinq, ce qui nous a fait renoncer, d'avoir trop exigé d'un employeur une prime de trajet ou un ticket-restaurant, d'avoir refusé de négocier notre salaire à la baisse et de réduire drastiquement nos jours de congé, d'avoir prétexté la mort réelle d'un parent pour s'absenter d'un travail, coupables en tout de chercher à vivre un peu quand les molochs qui nous gouvernent exigent comme dans le plus grand des mondes totalitaires qu'on se sacrifie à leur seul bénéfice. « Un Français doit vivre pour elle / Pour elle un Français doit mourir. » Clame le *Chant du départ*. Un salarié doit vivre pour le marché / Pour le marché un salarié doit mourir. Chant d'arrivée dans le mur.

Au nom de la raison économique il faudrait se priver encore et encore, se serrer toujours plus la ceinture. Ce qui correspond à une religion du marché avec son veau d'or, ses lois, ses rituels et ses prêtres, grassement entretenus, qui demandent aux fidèles de se saigner pour la nouvelle déité. Que chacun dépose à ses pieds sa livre de chair en grattant bien jusqu'à l'os. Il est maintenant entendu que la servitude salariale est un coût, une charge, un frein, et donc un facteur à éliminer pour que tout aille pour le mieux dans le meilleur des mondes à la porte de l'aiguille. La prochaine étape, la disparition complète du salariat, est en marche. Dans nombre de grands cafés parisiens, les serveurs sont auto-entrepreneurs. Pas le choix. Où l'on aboutit au triomphe paradoxal du marxisme, une seule classe, tous patrons. Avec l'invention au passage d'une sous-classe : le patron prolétaire.

En attendant, on peut toujours faire plus avec moins, qui est le leitmotiv de l'économie de marché.

La simple idée de comment vivre avec moins – moins manger, moins se loger, moins se soigner, moins s'instruire, moins se divertir – étant balayée par la « raison » économique et financière, laquelle est indexée sur la logique mortelle du *Chant du départ*. Il n'y a que dix-huit ans entre la parution de *La Richesse des nations* d'Adam Smith (1776) et le *Chant du départ* (1794). Dans les deux cas, les individus sont invités à se sacrifier au bénéfice de la Nation. Laquelle n'est que le prête-nom d'intérêts supérieurs. Nation, Capital, même combat ? Les états-majors siégeant dans les conseils d'administration déplacent leurs usines comme des enseignes de régiments sur la carte mondiale du profit maximum.

C'est le moment de se rappeler l'aphorisme de Kenneth Boulding : « Celui qui croit qu'une croissance exponentielle peut continuer indéfiniment dans un monde fini est soit un fou soit un économiste. » Les fous sont aux commandes et la catastrophe est là. Car il y a une nouveauté dans ce bilan dépressif. Une éclopée de la onzième heure s'est depuis peu invitée à la table des contestataires, que l'on avait omis de convoquer jusque-là, persuadés qu'elle était inépuisable, corvéable à merci, insubmersible. Elle avait tout pour plaire, de beaux paysages, des ressources à l'infini, des monts et des abysses, des lagons et des lacs tranquilles, des houles violentes et des steppes paresseuses, des troupeaux de yaks et des bancs de dauphins, des nuées d'oiseaux, des nappes de coquelicots. On pouvait la piller, la retourner dans tous les sens, l'exploiter jusqu'à plus soif, elle avait en outre pour elle de ne pas protester. Elle n'était pas syndiquée, ne réclamait pas d'augmentation, ne manifestait pas aux côtés des salariés de la fonction publique, ne pointait jamais aux abonnés absents. Un rêve du patronat, cette Terre. Mais ça, c'était hier.

Elle a fini par protester, la Terre. Une protestation à grande échelle, où tous les éléments sont convoqués : l'air, gorgé de CO_2, la terre, empoisonnée par les pesticides et les défoliants, l'eau recueillant tous les déchets toxiques et devenue un cimetière marin, le feu qui fait ce qu'il sait faire : la politique de la terre brûlée que les semenciers et récoltants de soja et d'huile de palme l'aident à mener en Afrique, au Paraguay, en Amazonie, à Bornéo en dévastant tout sur leur passage. Et pour montrer que sa colère est proche d'exploser, qu'elle n'en peut plus, elle bout, littéralement, comme une marmite, ce qui donne ce réchauffement climatique – que contestent encore quelques idiots – quand tout le monde est à même de constater ses effets ravageurs, de sorte que les viticulteurs, inquiets de la montée en degrés des raisins, plantent plus au nord, ou se tournent vers des cépages qu'on avait écartés, jugés trop faibles en alcool.

Jusqu'à l'heure présente il est entendu que nous sommes sept milliards sur la planète. On se préoccupe déjà des années à venir quand nous serons, dix et puis vingt, et puis trente. Alors qu'en réalité nous sommes déjà près de quatre-vingts milliards.

À moins qu'on ne nous démontre que les animaux d'élevage ne respirent pas, ne se nourrissent pas, ne défèquent pas, et qu'on laissera tranquilles les troupeaux sauvages qui peuplaient jadis en masse les savanes avant que des Tartarins stupides et cruels ne les exterminent pour le plaisir de poser le pied sur une carcasse abattue, et parmi ces calamités un ancien président de la République, un roi d'Espagne, et des milliers d'abrutis payant pour ce qu'ils nomment, en esthètes, un « tableau » de chasse. Sans doute Giscard se croit-il peintre après s'être imaginé romancier.

Soixante-dix milliards de viande à quatre pattes, respirant, avalant des quantités phénoménales de nourriture qui obligent à déforester massivement pour cultiver des départements entiers de champs de soja et de maïs, évidemment transgéniques, et sur lesquels on ne se prive pas d'épandre ce qui est interdit sur les cultures destinées à la consommation humaine, de sorte que par la chaîne alimentaire toute viande industrielle nourrie de ces plantes sans contrôle est une bombe chimique qui peu à peu est en train d'inverser notre espérance de vie. Soixante-dix milliards avalant des millions de litres d'eau, connaissant que l'eau devient rare, sachant qu'il en faut près de 7000 litres pour produire 500 grammes de bœuf, l'équivalent d'une grosse côte que des ventres replets goberont, l'angle de la serviette glissée entre deux boutons de la chemise, en faisant gicler le sang sous la lame du couteau, se vitrifiant les artères de graisses, se cuisinant aux petits oignons des AVC par les petits vaisseaux encombrés de cette chair sacrificielle, ce qui constitue la vengeance secrète des animaux martyrs, ce qui veut dire aussi que pour ce plaisir carnassier il convient d'assécher doublement les nappes phréatiques non seulement pour l'alimentation du bétail (les farines altèrent et l'eau des chairs pèse lourd sur la balance du boucher) mais par l'arrosage des cultures – le maïs transgénique est un gros consommateur (mais pas le maïs originel) –, cultures que les bêtes ingèrent, la tête tenue dans une cangue de métal, qui ne poseront un pied devant l'autre que pour aller à l'abattoir, soixante-dix milliards de viandes animées responsables selon un rapport de l'ONU de trente ou quarante pour cent des émissions de gaz à effet de serre, soit autant, ou presque, que les énergies fossiles, soixante-dix milliards jamais pris en compte dans le recensement du vivant.

Et la « raison » ? Ne méritent pas le label « vie » que s'arroge seule la « race supérieure », la « race humaine », qu'on ne confondra pas avec la « race charolaise » ou la « race porcine ». Descartes, le raisonneur en chef, nous a bien expliqué que l'animal n'était qu'un assemblage de Meccano, un automate sophistiqué copiant l'organisme humain (ce qui nous vaut dans le *Discours de la méthode* un cours d'anatomie recopié de Harvey), une machine. « Ceci ne témoigne pas seulement que les bêtes ont moins de raison que les hommes, mais qu'elles n'en ont point du tout. » Voilà pour la raison dont il s'est fait le champion. L'esprit maintenant : « Ce qu'ils font mieux que nous ne prouve pas qu'ils ont de l'esprit, car à ce compte ils en auraient plus qu'aucun de nous et feraient mieux en toute autre chose, mais plutôt qu'ils n'en ont point, et que c'est la nature qui agit en eux selon la disposition de leurs organes : ainsi qu'on voit qu'une horloge, qui n'est composée que de roues et de ressorts, peut compter les heures et mesurer le temps plus justement que nous avec toute notre prudence. » Conclusion : les cris que pousse un animal que l'on dissèque vivant équivalent au carillon d'une horloge. Une horloge souffre-t-elle ?

Ce qui traduit très exactement la considération dans laquelle on tient les animaux. Ceux-là sont juste un garde-manger en plein air, de même qu'on conservait pommes de terre et carottes sous le sable au fond d'une cave pendant les mois d'hiver, et suspendait les raisins de table à une poutre fraîche pour s'assurer d'un dessert pendant les mauvais mois. Cette idée qu'ils puissent aimer, aimer vivre, souffrir, pleurer quand on sépare le veau de sa mère, ne vient jamais à l'esprit de ceux qui commandent leur viande saignante. Larmes de sang que les gourmets assassins attribuent à une juste cuisson. Larmes à point pour se donner un sens de la justice, ou larmes bien cuites pour effacer toute trace du forfait. Et clameurs de plaisir des aficionados quand la lame du toréro s'enfonce dans le crâne de l'animal épuisé par les piques et les banderilles qui pendent à son corps ensanglanté. Et cris de joie des chasseurs quand l'animal chute brusquement, frappé d'une salve de plombs. La question du droit à la vie de l'animal ne se pose pas pour ceux-là. Qui se vantent même d'avoir du cœur, voire même une conscience écologique, puisque c'est par la corrida que le *toro* serait encore de ce monde. C'est une idée. Aux partisans de la peine capitale on pourrait suggérer d'élever des condamnés à mort, d'inséminer moyennant salaire des femmes porteuses de futures victimes qui, une fois engraissées, grandies, seraient conduites à la guillotine sous les cris enthousiastes de la foule.

« Si je suis obligé de ne faire aucun mal à mon semblable, c'est moins parce qu'il est un être raisonnable que parce qu'il est un être sensible, qualité qui étant commune à la bête et à l'homme, doit au moins donner à l'une le droit de ne pas être maltraitée inutilement par l'autre », écrit Rousseau dans son *Discours sur l'origine et les fondements de l'inégalité parmi les hommes*. Mais Rousseau bien sûr est un pleurnicheur. Exercice pratique : regarder une vache dans les yeux et s'efforcer de ne pas y voir un être vivant pour qui la mort volontairement donnée ne relèverait pas d'un crime. S'imaginer y planter une lame comme dans un rôti à la sortie du four, n'accorder à ses gémissements pas plus d'importance qu'aux sirènes de la ville, donner un coup de pied au corps étendu pour s'assurer qu'il ne bougera plus, découper sa chair comme un massicot les pages d'un livre. Exercice que l'on perdra inévitablement comme à un triste jeu de barbichette où l'enjeu ne serait pas de se retenir de rire mais de pleurer. Car dans l'écran de ses yeux, c'est l'expression même de la vie qui défile, d'une vie pleinement vivante, nous y déchiffrons le mouvement des pensées, le flux des émotions, la conscience d'être. Et ce n'est pas faire de l'anthropomorphisme que de prêter à l'animal ce qui nous traverse l'esprit.

Nous avons suffisamment de témoignages de tendresse – mères orangs-outans et loutres serrant amoureusement contre elles leurs bébés –, de langages sophistiqués – chez les dauphins, les pieuvres, les alouettes –, d'invention ne devant rien à l'inné quand cette pie se laisse glisser sur un toit pentu en équilibre sur un couvercle de plastique, qu'elle remonte dans son bec pour recommencer encore, et encore, tant elle prend du plaisir à ce surf improvisé. Nous sommes même les spectateurs amusés d'une réflexion en acte quand ce canard couché dans l'herbe, qu'on croirait abattu, veillé et reniflé par un chien qu'on imagine de chasse, aussitôt que celui-ci s'éloigne, rappelé par son maître peut-être, se relève précipitamment et court en se dandinant se mettre à l'abri. De sorte qu'on reconstitue sans peine le cheminement de ses pensées jusqu'à sa fuite pendant tout ce temps qu'il sentait la truffe menaçante du chien sur ses plumes : surtout ne bouge pas, fais le mort, retiens-toi de respirer, se demandant combien de temps l'épreuve allait durer, si sa ruse allait marcher, et entendant le chien s'éloigner, vite c'est le moment, se dressant sur ses deux pattes et filant en balançant le croupion se cacher dans les hautes herbes.

Nous sommes ici, barrés par une clôture de barbelés, devant l'une des mères prestigieuses du monde, – la vache bondissait jadis en majesté, grand corps noir sur les parois de Lascaux – dont les yeux ourlés de longs cils nous regardent et nous regardant se font une idée de nous. Pourquoi viens-tu dans mon champ de vision, quand tes semblables emportent dans des camions à ridelles les miens que je ne revois jamais ? Qu'en fais-tu ? Comme si nous ne savions pas. Son destin est agrafé à son oreille, cette étiquette jaune numérotée qui annonce que cet être de chair qui nous dévisage sera tué et découpé pour nous assurer soi-disant un lot de protéines qui poussent un peu partout sans qu'on ait besoin de cette usine vivante à transsubstantiation métabolique. Et nous baissons honteusement les paupières. Pardon sœur vache. Pardonne-nous d'utiliser ton nom comme une insulte, quand ton unique forfait c'est de chasser les mouches d'un balancement de ta queue. Mort aux vaches, disent-ils. Programme exécuté à la lettre.

Descartes condamnait l'animal sous prétexte qu'il n'était pas doué de cette faculté de raison qu'il se prêtait à lui-même et devant laquelle il demeurait en extase. Je pense donc je suis, disait-il chaque matin vers onze heures au moment de se lever en bâillant devant son poêle. À partir de quoi l'animal, auquel il refuse la conscience qu'il s'accorde, ne peut tout simplement pas être. Serait-il qu'il serait semblable à nous, une créature de Dieu. René Descartes dans l'esprit divin ne vaudrait-il pas plus qu'une huître ? Créé à l'image de Dieu, soit, René s'y voit très bien, mais à l'image d'une huître, il faut raison garder. A-t-on jamais entendu une huître nous signifier qu'elle pense ? Ce qui constitue l'argument fatal lancé par le Maître de La Haye. On lit dans Tchouang-Tseu qui n'avait pas ce genre de certitude et n'émettait pas d'avis tranché sur sa présence au monde : Que savez-vous du bonheur des poissons ? À quoi son interlocuteur réplique : Que savez-vous de ce que je sais du bonheur des poissons ? Que sait René Descartes de la conscience d'une huître au moment de l'avaler parfumée d'un trait de citron débarqué d'un navire marchand sur un quai de Rotterdam ? Frère François, doux frère François qui parliez aux oiseaux et convainquiez le loup de Gubbio de ne plus répandre la terreur, priez pour notre frère René qui a perdu la raison à force de la chercher en toute chose.

Que d'autres aient depuis contesté cette thèse mécaniste n'y change rien, n'empêche pas le carnage organisé, « méthodique » de se poursuivre à grande échelle pour le plus grand bien des prébendiers mondialisés. Tout juste cette contestation a-t-elle permis d'instaurer un *apartheid* de fait au pays des animaux. Il y a les animaux « blancs » à qui l'on attribue toute la palette des sentiments humains, qui sont les animaux de compagnie, que l'on cajole, dont on s'émerveille des manifestations de tendresse, d'intelligence, que l'on dresse en les morigénant comme des enfants (qu'est-ce que maman a dit, levant un doigt mécontent sous les yeux d'un chihuahua fautif) et les animaux « noirs », le garde-manger, qui sont censés ne rien éprouver du calvaire qui les conduit du pré ou de l'usine d'engraissement à l'abattoir, pour finir débités en tranches dans une coque de polystyrène sous une pellicule de plastique.

Certains sont « blancs » et « noirs », les lapins, par exemple, selon qu'ils sont pris en doudous, ou en civet. D'autres changent de statut en passant les frontières, les chiens qui d'animaux fidèles ici pendent écorchés aux étals des bouchers chinois ou vietnamiens, lesquels, comme nous nous en indignons, nous opposent que nous faisons de même avec les chevaux qu'ils tiennent pour sacrés. Quant aux chiens viverrins dépecés vivants, pour que leur fourrure ainsi préservée garnisse les cols des anoraks, il convient de préciser que l'appellation est impropre, que ce ne sont pas à proprement parler des chiens, de sorte qu'il est inutile de s'émouvoir quand, capuche relevée, on enfouit la tête dans cette chaudière de poils.

Grâce à la pugnacité et au courage des jeunes gens de l'association L214 dont l'intitulé est emprunté au Code rural et de la pêche maritime qui pour la première fois considère les animaux comme des « êtres sensibles » dans le droit français, nous ne pouvons plus nous voiler la face sur la réalité des abattoirs et des usines à viande où s'élèvent pour une espérance de vie de quelques semaines à quelques mois, et dans des conditions sordides, veaux, vaches, cochons, couvées, où des poulets libérés, n'ayant jamais foulé le sol, sont dans l'impossibilité de marcher, s'effondrent comme des méduses molles. Les caméras introduites en catimini dans ces lieux de torture et de mort nous convient à affronter l'insoutenable. On peut se dispenser d'y aller voir. Il n'est besoin que de quelques photos tirées des vidéos. Suffisamment parlantes pour se convaincre que la consommation de viande est à ce prix de souffrance délibérément infligée. Et pas seulement de viande, ce qui vaut également pour ses dérivés, lait, produits lactés, fromages, sachant que pour obtenir le lait nécessaire à leur fabrication, il convient d'en priver le veau, l'agneau, le chevreau, quand ce lait est destiné à leur propre croissance, croissance qu'ils effectueront à coup de farines trafiquées, éventuellement mêlées de carcasses animales broyées dans des usines d'engraissement, d'où ils sortiront pour l'abattoir en gardant dans leurs rêves nocturnes les doux et courts moments où ils tendaient le cou pour téter à la mamelle. Ne jamais oublier en avalant d'un air extasié une mozzarella bufflonne de Caserta de se repasser en boucle les carcasses de veaux faméliques, entassés pêle-mêle comme des sacs éventrés dans une décharge. Derrière le lait, les fromages, les yaourts, le massacre des veaux, des agneaux, des chevreaux.

Isabella Bird est cette aventurière anglaise de la seconde moitié du XIXe siècle à qui l'on conseilla pour traiter sa neurasthénie et une constitution chétive de voyager. Ce qu'elle fit avec une audace et un courage insoupçonnables pour une fille de pasteur qui n'avait connu que son thé de cinq heures. Elle s'aventura seule dans les montagnes Rocheuses où régnaient en maîtres les Indiens et les desperados, alors que le Colorado n'était même pas encore un État, franchit plus d'un millier de kilomètres sur son petit Birdy, un cheval modèle réduit malgré tout trop haut pour elle, ce qui l'obligeait à user d'un marchepied pour y grimper, entra dans les saloons au milieu des balles et des crachats de jus de chique, et hésita à répondre favorablement à la demande en mariage de Jim Nugent, alias Mountain Jim, un trappeur psychotique, tueur d'Indiens, au visage à demi arraché par les griffes d'un grizzli mais dont l'autre moitié était d'une beauté solaire, et qui pour la séduire déclamait du Shakespeare dans sa cabane d'altitude au milieu des peaux de daim et de castor.

Cinq années plus tard, en mai 1878, elle débarquait au Japon, bien décidée à explorer les terres les plus lointaines au nord de la grande île où aucun Européen n'avait jamais mis les pieds, et même pas les jésuites. En route pour le pays des Aïnous, voyageant dans des conditions que peu supporteraient, avec un dos en compote et des maux de tête, elle se languit parfois de la nourriture anglaise. Quand enfin elle aperçoit une vache et qu'elle quémande un bol de lait, tous les Japonais se tordent de rire, on n'avait jamais vu ça, car enfin quoi, le lait de vache, c'est pour les veaux. On n'est pas des veaux. Ce qui dit qu'avec le même sens d'observation de la nature on peut être amené à des conclusions et des comportements différents. Il y a des sociétés moins prédatrices que d'autres. Où l'on reconnaît également que le système d'engraissement pour les veaux retirés à leur mère correspond au placement des enfants chez les nourrices dans les bonnes familles de jadis. Principe de séparation acté, si on en use ainsi pour les bébés, on ne va pas se gêner pour les veaux.

Nous ne pouvons plus nous abriter derrière l'argument qu'on ne savait pas. Le processus fatal qui conduit l'animal vivant jusque dans nos assiettes passe désormais par cette lumière crue jetée sur les chambres de torture. Quand même nous serions-nous raconté que le passage de la vie à la mort ne concerne en rien la cuisson d'un rôti de bœuf ou d'un poulet à la broche, lesquels sortiraient sans doute tels quels du tablier taché de sang du boucher, c'en est fini désormais de notre amnésie volontaire. On a essayé de brouiller les pistes en transformant les poulets en petits cubes panés, les poissons en tablettes, le bœuf en hachis, de manière à ce que rien ne suggère leur état premier, vivant, mais le subterfuge a fait long feu. Manger de la viande implique de massacrer des êtres. Qu'on les ait à cette fin dorlotés, ou non, le résultat est le même. Un meurtre. À noter qu'au Moyen Âge les abattoirs s'appelaient des « tueries ». Il fut un temps où un chat s'appelait un chat.

Il est commode de rejeter la responsabilité du carnage sur les plus modestes qui dans les abattoirs effectuent le sale boulot. Comme disait un futur président gonflé de mépris : tous des illettrés. Autrement dit, des bêtes. Autrement dit, ces massacres à la chaîne, des règlements de comptes entre bêtes. Connaissant cependant que le taux d'absentéisme pour cause de dépression et de suicide parmi les employés des abattoirs est plus élevé que la moyenne. Ce qui témoigne pour le moins d'un malaise. Cette délégation consistant à confier à l'autre la tâche sordide et l'opprobre qui s'y attache pour se garder intact le seul plaisir du plat cuisiné n'est un acte ni courageux ni glorieux. On pourrait expérimenter, selon le principe de la filière, du pré à l'assiette, de participer à toutes les étapes. *Do it yourself* : en commençant par porter soi-même le coup de grâce sur le crâne de l'animal, une masse à la main et une feuille passée à la ceinture. Le bras hésite-t-il devant le regard apitoyé de la bête ? Allons, un petit moment de faiblesse. Que le sacrificateur amateur imagine déjà la tranche saignante sous son tumulus de frites.

Mais si l'exécution rebute, il revient d'en tirer les conséquences et d'ajuster ses actes à ses discours. Rien ne sert de combattre les fermes de mille vaches, de s'indigner du traitement réservé aux animaux dans les abattoirs, de pétitionner contre les poulets en batterie et la chasse à courre, si on n'a pas soi-même renoncé à la consommation de viande. Toute posture militante de confort est une imposture, les mangeurs de brochettes dénonçant entre deux verres de rosé les méthodes d'élevage ressemblent à des casques bleus alimentant les charniers. Et qu'on nous épargne le couplet bucolique de vaches élevées avec amour dans le pré et traitées aux petits oignons à l'étable en remplacement de cette barbarie industrielle. Et étouffées au coin du bois dans une tendre étreinte mortelle ? Avalées la larme à l'œil en soupirant que les meilleurs partent en premier (à condition que la viande soit tendre) ?

Tout discours qui condamne se doit d'être en conformité avec son combat. Au risque de se disqualifier et de disqualifier la cause qu'il défend. C'est ce qui a perdu la gauche, persuadée que les exploités et les laissés-pour-compte étaient naturellement de son côté, qu'elle était rentée dans les urnes par le réservoir inépuisable des damnés de la Terre, ce qui, assurée de ce butin, la dispensait de faire quoi que ce soit pour ceux-là, se gavant de prébendes sur leur dos, et s'indignant ensuite que les mêmes, abandonnés, aillent voir ailleurs, dans une direction opposée qui s'en moquera pareillement. On a assisté de même à ce spectacle pitoyable d'élus verts, censés porter la cause de l'environnement, se battant pour un siège au Sénat, un strapontin ministériel, quitte à avaler un bol de glyphosate au petit déjeuner et à applaudir à cette technique ancestrale de chasse à la glu. Quel plaisir d'observer un oiseau collé à la branche déployant inutilement ses ailes. On se croirait à une corrida champêtre. Les Verts qui en sont dans leur débandade à défendre l'idée de toilettes mixtes à Paris. Ce qui est une manière moderne de débattre du sexe des anges, alors qu'autour les cieux s'enflamment, tout en dégustant sous les ors des palais de la République la cuisine raffinée des chefs entre foie gras et chapon à leur image.

Tout écologiste aujourd'hui se doit de se poser la question de son alimentation carnée. S'il ne voit pas d'inconvénient à pousser la porte de McDonald's ou du Bœuf Couronné, sa parole se décompose instantanément. Comme ces prédicateurs qui s'affranchissent de leur vertu dans les sacristies et s'absolvent ensuite dans le confessionnal.

Face à cette dénonciation parfois spectaculaire de la maltraitance animale, quand des activistes badigeonnent de peinture rouge un étal de boucher, les grands groupes vertueux brandissent la morale. On trouvera un ethnologue pour juger la violence des antispécistes plus violente que celle qu'ils dénoncent. L'animalisme serait un anti-humanisme opposé aux valeurs occidentales. Celles d'Auschwitz, d'Hiroshima, de la Kolyma ? Si l'on suit la démonstration du doigt dressé à la solde des multi-monstres, dénoncer la violence faite aux animaux serait donc in-humain. Humains, soyons in-humains.

L'écologie a été cette pensée féconde qui depuis Thoreau, John Muir, Élisée Reclus, Aldo Leopold, Masanobu Fukuoka – tous de merveilleux auteurs –, a modifié notre regard sur le monde, nous a enseigné sa fragilité en même temps que notre dépendance à son égard. Sourds à ces avertissements, nous avons continué en « maîtres et possesseurs de la nature » sur la voie royale du progrès. L'usage intensif des hydrocarbures, la manipulation de l'atome, la consommation de masse, l'adoption du modèle occidental par l'ensemble de la planète, à chaque étape il nous a fallu donner un tour de vis écologique supplémentaire. Il y a quarante ans les écologistes préconisaient le truchement des centrales nucléaires par un retour aux centrales thermiques. Ce qui s'est passé en Allemagne où les *Grünen* étaient puissants. Moralité, l'Allemagne et sa politique énergétique sont devenues le plus gros producteur de CO_2 d'Europe, contribuant en première ligne à l'effet de serre. Ce qui est à mettre aussi au crédit des Verts allemands. Ce qui n'autorise évidemment pas à s'applaudir à tout rompre du côté de chez Areva. Que ses responsables portent la main en visière et lorgnent du côté de Three Mile Island, Tchernobyl, Fukushima, et qu'ils aillent vite fait placer un doigt sur une des nombreuses fissures de leurs cuves en inox, à Cruas et ailleurs.

Dès les années soixante-dix du siècle dernier, après le premier choc pétrolier, des ingénieurs d'Exxon avaient mis en garde la direction contre le danger d'une consommation massive des hydrocarbures et le risque d'un réchauffement de l'atmosphère. Le principe étant de brûler (du charbon, du coke, du pétrole, de l'essence, du fuel, du kérosène) pour produire de l'énergie, il n'est pas besoin de sortir d'Harvard pour conclure que comme un poêle ça dégage de la chaleur, et que cette chaleur évacuée dans l'atmosphère en modifie chimiquement la composition et la température. Autrement dit, on serait bientôt le nez dans un gigantesque inhalateur qui au lieu de soigner les rhumes, provoquerait plutôt des bronchites et des pneumonies à répétition. Nous y sommes. Nous avons appris entre-temps que non seulement les civilisations étaient mortelles, mais l'humanité elle-même. La Terre s'en sortira, même si elle vire à l'orange ou au vert pomme. Elle a quelques milliards d'années devant elle. Mais sans nous. De sorte qu'il nous faut aujourd'hui durcir le ton, ne plus se contenter des accommodements de jadis.

Si l'option d'un ralentissement de la consommation énergétique n'a jamais été mise en œuvre sinon à travers cette recommandation de coller des joints aux fenêtres (tout en laissant un trou grillagé pour l'aération), c'est que l'idée n'était pas au fond de changer notre mode de vie, nos comportements, nos petites habitudes mais de continuer comme si de rien n'était tout en faisant semblant que non bien sûr, au prix de concessions sans dommage pour notre mode de vie. J'éteins avant de sortir de l'appartement ou de la maison, j'utilise des ampoules à basse consommation, un filet à provisions pour mes courses, je referme le robinet tandis que je me lave les dents, je dépose mes vêtements usagés dans le bac à cet effet sur le trottoir, et tout ce pain que je collecte au lieu de le jeter, je me promets de retrouver, quand j'aurai le temps, la recette du pain perdu que faisait ma grand-mère. Et je prends mon vin à la tirette ? Euh non, on verra plus tard quand ce sera du dernier chic. Pour l'instant c'est encore un truc d'ivrogne. Quant à la voiture, on n'en est plus aux pots d'échappement crachant des nuages noirs, les constructeurs n'en finissent pas de nous vendre des consommations au kilomètre de plus en plus basses, et sans plomb.

On apprend que la réalité est plus complexe, les chiffres trompeurs et les ingénieurs menteurs, mais un cycliste essoufflé dans une montée ne pollue-t-il pas autant qu'un automobiliste avec tout le CO_2 qu'il rejette de ses poumons ? Et d'ailleurs nous avons dans nos cartons une voiture électrique en mesure de joindre Lille à La Grande-Motte sans arrêt, simplement en rechargeant la batterie sur un téléphone portable.

Comme si l'électricité ne polluait pas en amont. Comme si elle ne menaçait pas dans les bunkers de béton qui tentent de stopper l'hémorragie des atomes. Toujours cette poussière évacuée sur le pas de la porte pour garder chez soi sa petite place nette. Et l'écologie politique, tout à son obsession de s'emparer du secrétariat d'État aux chrysanthèmes, s'est peu à peu acclimatée. Elle a, selon le principe vanté, supposément efficace, de la *Realpolitik* – qui n'est que le visage de la collaboration –, gauchi son discours, accepté des concessions graduées sous prétexte qu'un petit pas vaut mieux que le surplace (sauf que les petits pas suivants seront accomplis par des fantômes), au point de déclarer – un imbécile notoire et néanmoins ministre, ce qui devient une tautologie – qu'entre le nucléaire et le thermique il ne s'agissait plus de raviver une guerre de religion. Comme si nous en étions à l'édit de Nantes, comme si c'était une question de conscience et qu'une centrale nucléaire pouvait signer la paix pour trente mille ans, la durée de vie du plutonium. Mais si l'imbécile notoire et néanmoins ministre tient en poète qu'il n'est pas à user de la comparaison, soufflons-lui que si les volcans de la chaîne des Puys sont éteints, nos centrales nucléaires sont toujours en activité. Gare à Pompéi.

Il aura suffi d'un été étouffant, d'un automne étonnamment doux pour convaincre les plus réticents. Aussitôt les sirènes d'alarme ont retenti. Plus de raison de douter du pire. Nous y sommes. Chacun se proposant désormais de lutter pied à pied derrière sa ligne Maginot de poubelles de tri et, à la première suée, de déclencher son climatiseur. L'écologie selon Bartleby : on préférerait ne pas.

Nous livrons pourtant la dernière des batailles avant l'effondrement. On sait que Napoléon à Waterloo attendit désespérément Grouchy, ses trente-trois mille hommes et ses cent huit pièces de canon, et qu'il vit arriver en lieu et place les trente-quatre mille Prussiens de l'armée de Blücher, ce qui le conduisit tout droit à Sainte-Hélène. Pendant ce temps Grouchy, qui déjeunait chez le notaire de Walhain, refusait de se dépêcher, arguant qu'il n'en avait pas fini avec son plat de fraises. Nous sommes le 18 juin. Des fraises en juin, l'anecdote est recevable. L'écologie politique avale des fraises en toute saison. Elles sont devenues insipides et s'efforcent simplement de garder l'apparence de fraises.

Tellement épépinée, l'écologie politique, que même les partis de droite désormais s'en emparent. Preuve qu'elle est désactivée, appauvrie, aux effets de rayonnements limités à une assemblée de notables.

Le figurant Dupont-Aignan, qui se voyait Premier ministre de la présidente Marine Le Pen, autre convertie à l'écologie des chasseurs, a une spécialité, c'est d'apparaître le visage ondulé sur des barrières de chantier. Ses équipes ont sans doute théorisé que ces panneaux occasionnels n'encouraient pas l'accusation de dégradation de l'espace public. Son portrait en montagnes russes diffusé dans les rues de Paris s'accompagne d'un slogan : automobilistes, résistez. Sorte d'appel du 18 Juin pour un stationnement libre et gratuit et le droit sans doute de rouler sur les trottoirs. Que le même puisse se prévaloir d'une politique écologique, c'est aussi crédible que sa colistière ouvrant ses bras aux migrants. Sans doute envisage-t-il d'accrocher les vélos à l'arrière des voitures, comme ceux qui ornent les camping-cars et ne sont décrochés qu'au moment de vérifier l'état des quatre pneus du véhicule monstrueux, ce qui oblige à un grand tour de la maison mobile.

De la même façon, le maire de Bordeaux qui fut un temps bref ministre de l'Écologie, qui faillit être davantage faute d'ignorer qu'on ne faisait plus ses courses à Prisunic depuis belle lurette, ce qui dénotait de sa part un certain détachement du monde réel, sitôt qu'il parle du principe de liberté qui anime son action, tient tout de suite à préciser qu'il pense d'abord, en premier lieu, et évidemment, précise-t-il, comme si la chose allait de soi, à la liberté économique. Surtout n'entravez pas les affaires. Ce qui d'ailleurs n'est pas incompatible avec la défense de l'environnement : les billets de banque sont faits avec de vieux chiffons. Mais avant de se féliciter de ce recyclage, bien se mettre en tête que la liberté économique, c'est la liberté de piller, d'exploiter. Sans frein. Jusqu'à épuisement des ressources. C'est transformer la terre en une gigantesque ville-fantôme comme celles que les chercheurs d'or ont laissées au Klondike et en Californie. Comme on la laisse dans l'Alberta ou autour des centres d'extraction des « terres rares » en Chine ou en Afrique. « Terres rares » qui comptent dix-sept métaux précieux entrant dans la composition des batteries rechargeables, des LED, des aimants, des ordinateurs, des portables, des panneaux photovoltaïques, toute une société d'un futur soi-disant durable, à côté de quoi le pétrole n'est qu'un pauvre enjeu.

Le principal étant d'exporter loin des yeux – du moins ceux des pays consommateurs – les effets délétères de la pollution. Tous les dispositifs contraignants visant à s'opposer à la mise à sac de la planète sont immanquablement contournés, moqués, par les puissants. Et les « puissants » ne renvoient pas à une qualification nébuleuse, fantasmatique. Simplement ne plus les chercher là où étaient les attributs habituels du pouvoir, ces anciens palais qui ne sont plus que des chars de carnaval exhibant le roi de la fête. Vingt-sept États d'Europe tombent d'accord pour abaisser à cinquante pour cent le taux des émissions polluantes des voitures d'ici 2030. Ces vingt-sept États réunis représentent une puissance économique mondiale. Parlant d'une seule voix on se dit que rien ne peut leur résister. Qu'à eux tous ils sont en mesure d'imposer la loi. En fait, non. Ces vingt-sept États plient devant l'opposition des constructeurs d'automobiles allemands constitués secrètement en cartel et qui n'envisagent la réduction qu'à trente pour cent. Étant bien entendu, l'histoire récente l'a prouvé, que ces trente pour cent se résumeront à une profession de foi sur un catalogue sans obligation de mise en conformité. On a vu comment les mêmes ont truqué pendant vingt ans les tests de leurs moteurs et que les amendes infligées pour fraude délibérée n'ont pas pesé lourd devant la menace brandie de délocalisations. Et les vingt-sept chefs d'État et de gouvernement de se coucher.

Les États sont des leurres à l'heure de l'internationale économique et financière. Cette internationale a réussi là où les prolétaires de tous les pays ont échoué : à s'unir sur un principe, non d'exploitation partagée quels que soient les pays, mais de classe dominante *urbi et orbi*, qui dit la solidarité des nantis. Pour ceux-là, au-dessus du découpage des frontières, la raison d'être des États, c'est d'endormir les peuples et de les cadrer. On place à leur tête des hommes de main à la solde des banques et des grands groupes et le tour est joué. Comment ? Pas compliqué. En France, non seulement neuf milliardaires disposent pratiquement de l'ensemble de la presse et des médias, mais ils financent en outre les campagnes politiques de leurs « amis ». De sorte que ce sont les un pour cent les plus riches qui, en « sponsorisant » légalement leurs candidats, assurent leur publicité, élaborent les programmes, et orientent le débat politique dans la direction souhaitée, diffusant leurs arguments à longueur d'antennes et d'éditos, via des valets encravatés, « barbiérisés », qui se chargent dialectiquement de la besogne au nom de la raison gardée, assurés par ces moyens légaux de l'emporter à tous les coups.

Toute contestation tombera soit sous la menace d'un retour au fascisme (or une oligarchie qui dispose avec un tel mépris de la vie des peuples fonctionne comme une structure fasciste), soit sous les ricanements des animateurs de fin de banquet qui occupent le terrain médiatique. Un des numéros les mieux rodés étant d'inviter sur un plateau une sorte de ravi de la crèche, de prédicateur vertueux, qui estime que c'est aux riches de payer, et non aux pauvres. Succès garanti. On a réussi à transformer cette évidence en offense à la raison économique, gage d'une réflexion idiote, d'un peuple ignorant des subtilités des hautes sphères. On se tourne alors vers l'expert qui d'un air désolé et avec un petit sourire en coin, se dévoue pour un cours d'alphabétisation : c'est beaucoup plus compliqué que ça, dit-il. Et miraculeusement il n'y a plus de pauvres, que des riches exploités.

Il n'est besoin que d'un simulacre de rituel démocratique pour donner l'apparence d'élections libres. D'autant plus simple de manipuler l'opinion, qu'on la convainc que tout changement ne pourra être que pire, chienlit, banqueroute, chèque en blanc à l'anarchie, dont pâtiront les maigres biens de chacun. Et chacun de se cramponner à son poste de télévision qu'un huissier viendrait leur arracher. Ce qu'il ne fait plus parce que le poste ne vaut plus rien. Et les experts en histoire qu'on n'appellera pas historiens, de rappeler opportunément qu'à l'instabilité politique et financière de la république de Weimar a succédé l'Allemagne nazie.

Jusqu'au moment où l'opinion dégrisée, passé les élections et les promesses non tenues, se sent abusée, trahie, et qu'elle n'a plus d'autre solution pour se faire entendre que de descendre dans la rue, mais d'une manière tellement confuse, brutale, désordonnée, grossière, sans autre ligne que les mots de son exaspération, qu'elle se discrédite. On lit sur les pancartes brandies l'influence délétère et vulgaire des ricaneurs qui ont fini par parasiter les esprits. On ne ricane pas impunément avec eux devant son poste pendant des années sans en être infesté, la poésie de « sous les pavés la plage » a vécu qui, à travers une réalité (les pavés des rues reposaient sur un lit de sable), actait métaphoriquement une espérance. Ici, on lit sur les panneaux vengeurs que la dégringolade sociale s'accompagne d'une dégringolade culturelle.

La suite est connue. Contre le peuple des mécontents on envoie les compagnies de CRS, on fait donner les provocateurs pour que le face-à-face dégénère – le premier qui lance un boulon ou s'en prend à une barrière a toutes les chances d'appartenir à la police –, on filme la violence des manifestants, et les images diffusées de ces jacqueries consacrent l'union des peurs et de la bien-pensance. La voix du pouvoir tonne que c'est inadmissible, une honte, que les coupables seront châtiés, et l'État chien de garde retrouve le plein rôle que les puissants lui assignent.

Car les élus par les maîtres de la finance, une fois en place, se doivent de se montrer reconnaissants. Alors on supprime l'ISF, on se dépêche trois jours après l'élection d'imposer aux nouveau-nés l'inoculation de onze vaccins, comme si la manœuvre n'avait pas été préparée en amont en complicité avec les laboratoires pharmaceutiques, comme si ceux-là n'étaient pas allés trouver leur candidat en lui suggérant contre service rendu cette mesure de santé publique. Ce qui s'appelle, cette invention sous nos yeux d'une nouvelle rente prodigieuse, un coup monté. Comment, sans une longue préparation en amont, être en mesure de fournir du jour au lendemain des millions de vaccins ? Le résultat électoral n'étant pas complètement assuré, par prudence on a différé la fabrication, de sorte que le jour J les boîtes n'étaient pas toutes dans les rayons, mais comme on dut se féliciter de ce bon tour dans les salons d'administration de Sanofi. Les instigateurs hilares se cognant les poings entre eux comme des jeunes de banlieue, ou se tapant virilement dans les mains, et plus certainement levant un verre de champagne à la santé de ces bébés tirelires.

Quand revint sur la table l'éventualité d'imposer les Gafa, qui sans rien lui verser pourraient s'offrir le pays lui-même en réglant cash sa dette, de les taxer, oh très très modestement, de l'ordre de cinq pour cent, quand il n'est pas besoin à un particulier de gagner des sommes astronomiques pour atteindre la tranche à cinquante, le ministre de l'Économie, qui n'avait pourtant pas rechigné à rogner sur l'aide au logement – mais il est vrai que cette assistance aux pauvres coûte « un pognon de dingue » –, considéra que, tout bien pesé, « ce n'était pas le moment ». Les choses en seraient restées là si la revendication par la majorité du pays d'un retour à l'ISF n'avait obligé à agiter un leurre pour calmer les esprits, tout en trouvant des recettes supplémentaires pour colmater les brèches dans le budget provoquées par les primes concédées aux manifestants. Après avoir taxé les abris de jardin (qui concernent peu les beaux quartiers), augmenté les taxes sur les cigarettes (ce sont les pauvres qui fument), offert en douce à un proche, par un vote au petit matin, les aéroports de Paris, on s'est décidé à imposer les Gafa à hauteur de 500 millions, ce qui est une somme, paraît-il, on s'applaudit d'une telle audace au gouvernement, quand le même nous a bien expliqué que les 5 milliards de l'ISF n'en étaient pas.

On le sait, c'est le refrain favori du pouvoir. Ce n'est jamais le moment de s'en prendre aux riches. Ceux-ci ont appris à pleurer avant même d'avoir mal. C'est dans l'ADN du métier. Au premier pour cent prélevé ce sont des hurlements d'orfraie. Aussitôt les gouvernants leur présentent leurs plus plates excuses. Ce sont des tribunaux internationaux, autrement dit une législation privée, qui *in fine* exonèrent les grands groupes et les dispensent de payer les amendes à quoi les condamnent éventuellement les États. Lesquels États se retrouvent à leur tour mis à l'amende pour entrave à la bonne marche des affaires. Et se tournent vers les contribuables pour verser aux multi-monstres le tribut de l'injustice.

Il est impossible de se prévaloir d'une pensée écologique en soutenant l'économie de marché qui repose sur cette course effrénée au profit, et donc implique le pillage des ressources. Libéralisme et écologie sont une incompatibilité absolue. Toutes les révélations qui tombent des années après montrent que les choix des dirigeants se font toujours dans le sens du profit et non de la préservation de notre habitat. L'obsolescence programmée qui maintenant ne nous vaut qu'un haussement d'épaules désabusé tellement on s'est habitués à jeter nos imprimantes sitôt la fin de la garantie, a été inventée dès 1925 par les fabricants d'ampoules électriques qui se lamentaient de leur endurance (voir la fameuse ampoule de la caserne des pompiers de Livermore en Californie qui brille sans interruption depuis 1901). Et des ingénieurs et des chercheurs se creusent la tête pour apporter des solutions bancales à leurs produits, sont payés pour saboter leurs inventions. Comment dorment-ils ?

Comme il n'est pas avouable que c'est la perte d'un point de plus-value qui retient de modifier la production dans un sens plus écologique, on maquille la manœuvre frauduleuse en mesure sociale. Il n'est qu'à traduire en novlangue politique « plus-value » par « chômage ». Le marché ainsi posé à destination de l'opinion inquiète : que choisissez-vous ? ne plus polluer ou perdre votre travail ? Et le pouvoir des Ponce Pilate de se laver les mains en ricanant. Ce qui de fait suffit à éteindre toute contestation et à repousser aux calendes grecques une transition énergétique qui, dans les termes mêmes, laisse à penser que ce n'est pas pour demain. Le premier article du bréviaire politique stipule qu'aucune question ne trouve sa réponse dans l'absence de réponse. Ce qu'ont bien compris les industries fraudeuses qui, mises en accusation, font durer des années les procédures judiciaires grâce à un bataillon d'avocats qui se félicitent entre eux que pendant ce temps le produit incriminé, dangereux pour la santé, continue d'être vendu.

On nous le serine assez, il faut laisser du temps au temps. Une chose est certaine : les particules radioactives ont du temps devant elles et l'atmosphère, quatre milliards d'années. Ce qui, bien compris à la manière de Churchill, donne ceci : vous avez préféré la pollution au chômage, vous aurez les deux.

Les gens d'Exxon auraient pu s'inquiéter des prévisions cataclysmiques de leurs ingénieurs, réfléchir à des alternatives, lancer les chercheurs sur d'autres pistes non dommageables pour la Terre et ses habitants. Mais non. On commença par dissoudre les commissions qui mesuraient les conséquences de cette surconsommation énergétique. Le procédé est bien rodé. Face à une montée de fièvre, rien de mieux que de casser le thermomètre. Qui parle de réchauffement ? Comme il n'est pas question de renoncer aux profits mirifiques, la politique retenue, toujours la même, consiste d'abord à imposer l'omerta et organiser ensuite la contre-attaque qui tient en un mot : la désinformation. Des étages entiers d'immeubles des grands groupes sont consacrés à peaufiner des études frelatées, des expertises bidonnées (et pour la caution des spécialistes, il n'y a qu'à garnir à leur nom un compte en banque dans un lieu sécurisé, anonyme, défiscalisé, les îles sont là pour ça), qu'on présente ensuite à la presse, aux médias, comme des brevets imparables d'authenticité ruinant les peurs forcément infondées propagées par des extrémistes enragés, des complotistes millénaristes, des lanceurs d'alerte paranoïaques, des médecins véreux présentés à chaque fois comme des brebis galeuses de la profession, ce qui sous-entend que les autres sont des brebis saines ; or une brebis, même saine, pour l'indépendance d'opinion et la liberté d'expression, ce n'est pas rassurant – se rappeler l'épisode de Panurge.

Outre les journalistes spécialisés et choisis pour leur impartialité (toujours abrités derrière « la raison garder »), on entretient bien entendu une armée de lobbyistes qui arrosent à Bruxelles et ailleurs des élus sensibles à ce que proposent les cartes des grands restaurants, aux petites attentions délicates qu'ils trouvent dans leur chambre d'hôtel, et jamais un Noël oublié, jamais un nouvel an qui ne soit accompagné de grands crus. Il est ensuite aisé de convaincre ces idiots gavés de vanité et de prébendes de la justesse des arguments des émissaires des multi-monstres. Une fois assis sur les bancs des assemblées, ils taperont violemment sur leur pupitre lorsqu'on débattra pour la forme de la nocivité de tel ou tel produit, lanceront invectives et saillies de trois sous à l'adresse du rapporteur, et se taperont sur le ventre (pas trop fort pour ne pas risquer que ressorte le canard truffé en croûte) quand on évoquera les méfaits constatés sur les organismes. On citera une contre-expertise financée par les intéressés eux-mêmes qui prouvera que rien n'est formellement prouvé de ces allégations fantaisistes.

D'ailleurs – et là les élus replets stoppent leurs gamineries, se réfugient dans un silence de communiants, tout en hochant doctement la tête –, les doses de pesticides incriminés sont largement inférieures à ce qui est autorisé par l'Organisation mondiale de la santé, l'Ordre des médecins, le ministère de l'Environnement et le droguiste du coin. En revanche, en dessous de ce seuil, on ne répond pas des conséquences catastrophiques pour la production alimentaire. En dessous de ce seuil, mesdames et messieurs les élus députés sénateurs conventionnels parlementaires représentants de la Commission européenne constituants, sans le secours de la science, nous reverrions immanquablement les hordes faméliques que décrit, permettez-moi de le citer, Agrippa d'Aubigné (1552-1630) dans ses *Tragiques*, un recueil de vers qui riment, pas comme aujourd'hui. « Cet amas affamé nous fit à Montmoreau / Voir la nouvelle horreur d'un spectacle nouveau. / Là de mille maisons on ne trouva que feux, / Que charognes, que morts ou visages affreux. » Mesdames et messieurs, je ne perturberai pas plus longtemps votre digestion. Le glyphosate nous préservera de telles scènes. Monsanto s'y engage. Tonnerre d'applaudissements et reprise du chahut enfantin.

Le ver du doute une fois dans le fruit il reste à l'alimenter régulièrement de contre-vérités. C'est ainsi que le dérèglement climatique, une fois passée l'étape de la dénégation, a été attribué à un cycle naturel de la Terre ; ou bien celle-ci aurait basculé de quelques degrés sur son axe, ou ce serait l'irruption de taches solaires, ou une agitation interne du plasma terrestre. Le réchauffement en cours fut même annoncé par des spécialistes du climat comme une bonne nouvelle puisqu'il viendrait contrarier la venue imminente d'une nouvelle période glaciaire comme la Terre en connut régulièrement jusqu'au mésolithique. Dix mille ans de beau temps, c'en sera bientôt fini des grandes vacances. Roulez pleins gaz, sinon nous serons tous des Inuits, brûlez tout le pétrole résiduel sinon nous serons tous des Magdaléniens enfermés dans la ténèbre des grottes à taguer sur les parois des petits mickeys à fourrure et des graffitis fuck le froid.

C'est même à ce signe que l'on voit que les grands groupes sont vulnérables. Ils ont peur, comme tous les puissants. Ils craignent par-dessus tout que leurs manigances soient dévoilées, dénoncées. Ils sont des rois nus à la merci de la parole vraie d'un enfant. Depuis que la défense de la biodiversité et de l'agro-écologie s'impose comme l'unique rempart contre la catastrophe, depuis que le mouvement vegan prend de l'ampleur, relayé par des célébrités qui profitent de leur renommée pour propager leur cause, on les voit trembler. Les grandes marques de la distribution jurent que leurs produits sont plus verts que verts, s'engagent même à retirer la date de péremption sur les paquets de sucre et les flacons de vinaigre qui de fait n'en ont pas besoin puisque depuis longtemps on compte sur eux pour conserver les aliments (penser aussi à rajouter la fumaison, il n'y a pas de date limite pour s'asphyxier). D'ailleurs nous lui suggérons de mettre en avant dans ses rayons du vinaigre conservé dans du vinaigre.

Mais la grande distribution a bien compris le mouvement en cours. Elle ouvre à tour de bras des enseignes bio ravitaillées par des terres lointaines au Paraguay, au Sénégal ou au Vietnam, ce qui pour l'empreinte carbone n'est pas fameux et surtout ponctionne les terres locales au détriment des cultures vivrières, mais personne n'ira y voir, que nos experts appointés, soucieux du bien-être de la planète et garantissant que tout est cultivé selon les règles les plus strictes de l'agriculture biologique. Ici émoticône se tordant de rire.

On constate aussi une espèce de fébrilité du côté de Monsanto-Bayer, Syngenta-ChemChina, du côté des viandards et des grands empoisonneurs. On le repère aux articles « scientifiques » qui tombent négligemment dans la presse, les uns démontrant que si toute la population était végétalienne, non seulement le monde crèverait de faim mais la pollution serait incomparablement supérieure (il se trouve toujours de gros cons pour relayer ce genre d'argument débile, le verbe haut). Ou bien des études récentes démontrent que les légumes bio n'ont pas meilleur goût (et même moins, bien sûr), ou qu'ils ne contiennent pas les vitamines qu'on leur prête, volatilisées entre le moment de la cueillette et l'assiette, restées collées sur les mains des maraîchers ou passées au travers des cagettes. Au lieu qu'avec un légume transgénique, on peut être assuré que rien ne manque. Néonicotinoïdes compris.

Dans un même mouvement – ce qui traduit la peur de Monsanto et consorts qui ne renoncent pas à la rente future et lancent les chercheurs sur la piste de produits de substitution (qu'importe le produit pourvu qu'on ait le profit) – on avance l'idée d'une viande in vitro. Une cellule animale qui en se démultipliant donnerait non pas un veau mais directement une escalope, en escamotant ces étapes délicates de la conception, de la mise à bas, du sevrage et de l'engraissement dans des usines agréées avant l'abattoir. On se débarrasse du même coup des élevages, des champs de maïs, de soja et de L214. La prochaine étape consistant pour les laboratoires à peaufiner une viande sans viande à partir d'une algue baignant dans les boues rouges pour lui donner un petit air sanguin. Tant il est vrai qu'on ne passe pas brutalement d'une forme à une autre et que les premières voitures ressemblaient à des carrioles hippomobiles sans chevaux. Pour l'étape ultime de ce morphing on nous vendra des pilules hypnotiques qui nous convaincront que nous avons bien digéré le gigot du dimanche quand nous serons un jeudi et que nous finirons d'avaler une assiette de brocolis.

Ce qui signe cette peur d'un changement de mode d'alimentation, et donc de monde, ce sont ces brèves fielleuses semées ici et là, qui entretiennent le doute sur la prétendue « nature » des produits estampillés AB : du blé bio récolté à Tchernobyl (à ce moment-là, veste retournée, les mêmes qui le défendent considèrent le nucléaire comme un danger mortel), le sac de carottes garanties sans traitement contenant plus de pesticides que les variétés industrielles, du miel pour lequel les abeilles n'auraient pas d'instruments de détection suffisamment sensibles pour distinguer entre la fleur infestée et son équivalent nature. Mais qu'on se rassure, nos laboratoires mettent au point une variété d'abeilles, reconnaissables à leur corps strié rose et vert de manière à ne pas les confondre avec le modèle courant, en mesure, grâce à une modification cellulaire, d'identifier les pistils soumis aux insecticides, selon le principe de surdose en usage dans les centres de désintoxication. Devant une quantité trop importante de produits nocifs, elles éternuent et vont se poser ailleurs. D'où ce ballet futur de petites abeilles enrhumées rose et vert sirotant le calice des fleurs.

Et puis négligemment tombent des études produites par d'éminents chercheurs (études financées par ?) qui annoncent que donner à manger des fromages aux bébés les protégerait des allergies alimentaires et des maladies respiratoires (avant de les offrir en poudre aux enfants lointains, ce qui permettra également un emploi plus commode : au premier rhume, hop, deux lignes de saint-nectaire). À noter que ces études rejoignent opportunément la recommandation approuvée par Danone et Nestlé de consommer plusieurs produits laitiers par jour. L'organisme humain est décidément bien fait. La preuve que Dieu en le créant a choisi depuis le début le camp du Capital.

On sait que le coup de génie des semenciers a consisté à inventer des graines qui ne se replantent pas, dont on a modifié le génome pour qu'elles soient dans l'incapacité de se reproduire, ce qui oblige chaque année les agriculteurs à repasser devant les guichets de Monsanto, au lieu que depuis le néolithique ils veillaient à garder une partie de la récolte de façon, en la ressemant, à assurer la récolte prochaine. Ce qui, cette mutilation des organes de reproduction des semences, assure un monopole de fait avec cette même conséquence d'un profit hautement rentable.

Il faut bien que nous ayons affaire à des monstres pour concevoir une telle chose : priver l'humanité de ce qui, depuis huit mille ans, l'a conduite jusqu'à nous. Ce qui revient à brûler ses vaisseaux. Avec sept milliards de bouches à nourrir, pas question de revenir aux chasses paléolithiques, quand la terre dans sa totalité ne comptait que quelques centaines de milliers d'hommes et que hordes et hardes migraient en d'interminables colonnes à travers les déserts glacés. Pas de retour en arrière possible. Les OGM constituent l'acte de naissance d'une civilisation post-néolithique. Mais la tâche ne s'arrête pas là pour les monstres. À présent que le clonage des céréales et l'obligation de repasser chaque année devant les guichets des semenciers assurent la rente, il s'agit d'éradiquer toute possibilité d'un recours aux vieilles lois de l'agriculture. Or la nature est prodigue, des espèces en veux-tu en voilà. On compte au Pérou, d'où elles proviennent, autant de variétés de pommes de terre qu'il y a de jours dans l'année. Comment empêcher que l'on se tourne vers cette manne ? D'où l'ouverture d'un second front visant à classer hors la loi les semences anciennes avec la complicité des parlementaires de tout bord. La spéculation boursière sur les aliments de base est une manne phénoménale, il n'est pas question de multiplier les espèces cotées sous peine d'effondrement des cours, étant bien entendu que l'enjeu n'est en aucun cas de sauver l'humanité de la faim.

Il existe un *Catalogue officiel des espèces et variétés*, et la culture de toute espèce ou variété qui n'y figure pas est interdite. De sorte que tout jardinier qui use de ces plants interdits, soit des milliers et des milliers, et entend les partager comme la seule arme en mesure de résister à la catastrophe qui se prépare, est considéré à l'égal d'un trafiquant, et susceptible de voir un matin son potager cerné par une compagnie de gendarmes, avant d'être embarqué menotté dans un fourgon cellulaire comme un malfrat. On enverra un bulldozer dévaster sauvagement son champ de tomates anciennes en demandant au pilote de l'engin d'éviter les plants de marijuana qui sont en attente de légalisation et seront opportunément saisis le moment venu.

On se rappelle qu'un petit producteur de l'Ariège avait ainsi reçu une mise en demeure des avocats de Monsanto le sommant de renoncer à son sauvetage des variétés délaissées et le menaçant d'amendes astronomiques. La disproportion des forces en présence, comme si on envoyait une division blindée pour arrêter un voleur à la tire, consistant à terroriser les petits exploitants qui dans la même situation n'ont que leur chemise à mettre en gage, et à les dissuader de prolonger l'expérience. Mais on comprend bien la manœuvre. L'uniformisation des semences est non seulement une source métronomique de profits mais un avenir doublement prometteur. Dans ces grands champs traités, uniformisés, les parasites se répandent comme un feu de brousse au milieu de plantes dont le système de défense a été anéanti, ne rencontrant aucune opposition, aucune variété robuste qui serait insensible à ce feu infectieux. De sorte qu'on en arrive toujours à ce même constat : la diversité, c'est la vie, l'uniformité c'est la mort. Les multi-monstres ont choisi la mort depuis longtemps. La mort leur rapporte plus que la vie. Une aubaine, ces pandémies dans l'agriculture. Aussitôt les médecins des semenciers accourent, délivrant des traitements salvateurs et onéreux sortis des mêmes laboratoires mortifères, ayant déjà dans leurs armoires les semences nouvelles traitées de telle sorte qu'elles résisteront au nouveau fléau. Jusqu'au prochain. Les semences de Monsanto-Bayer ont aussi leur obsolescence programmée.

Lorsque le simulacre démocratique connaît des ratés, que des représentants élus ou nommés à Strasbourg et Bruxelles cèdent devant la pression de l'opinion et autorisent le commerce des semences paysannes, on s'adresse directement au Conseil constitutionnel lequel, avec ses têtes de sages indiquant la lune du doigt, annule sans coup férir l'autorisation de vente, sans qu'on devine en quoi ça les regarde. On pourrait les citer, ces sages dociles à la botte des puissants, ils auraient ainsi une chance après leur disparition de survivre dans une note en bas de page, ce qui permettrait de les distinguer de Paul Deschanel ou de René Coty, mais ils auront des descendants. Qu'on épargne à ceux-là l'opprobre attaché à leur patronyme.

On connaît toujours dans son agenda le numéro personnel de tel ou tel gouvernant avec qui l'on a disputé une partie de golf. D'une intervention discrète, en tête à tête, entre deux « trous », rien ne filtrera. Il est contraire à l'éthique que la main invisible du marché serre celle d'un monarque. Ce qui pourrait nuire à l'image du concept, du prince et du groupe. Mais c'est ainsi que le vice-président excédé de Monsanto débarqua sans crier gare dans le bureau de Chantal Jouanno, alors secrétaire d'État chargée de l'écologie, pour lui réclamer d'un ton menaçant qu'elle lève l'interdiction des OGM en France. Elle ne céda pas. Championne de karaté elle aurait pu lui coller son pied dans le nez. Comme c'eût été bien.

Jean Ziegler raconte que lorsque Barack Obama promulgua une loi interdisant aux États-Unis le commerce de métaux rares, comme le coltan qu'on retrouve dans tous les appareils électroniques, extrait par des enfants en Afrique, qui laissent parfois leur vie au fond d'un puits, les puissantes sociétés minières, Rio Tinto et Glencore, poussèrent la porte de la Maison-Blanche où siégeait son successeur, dénoncèrent cette entrave intolérable à la liberté d'exploiter, et d'un trait de plume la loi disparut.

Tout en continuant ce travail de routine auprès des élus et des institutions, la contre-attaque se porte désormais sur le consommateur vegan qui refuse obstinément non seulement l'alimentation carnée et ses dérivés, laitages et compagnie, mais aussi tout ce qui implique plus largement l'exploitation des animaux : les œufs, les poissons, les fruits de mer, le tarama, la laine, la soie, l'anchoïade, la fourrure. Adieu cachemire et angora, adieu miellée et œufs de lump (on se retient d'écrire caviar qui ne concerne pas grand monde). Et donc adieu protéines, étant entendu que selon la vulgate alimentaire il n'est de protéines qu'animales. Chacun ayant encore dans l'oreille la recommandation autrefois des mères et des médecins de famille au moment d'un coup de fatigue : un bon steak accompagné d'un grand verre de jus de pesticides soufrés, je veux dire de vin. Après quoi on se sentira mieux.

Que les animaux les plus costauds se nourrissent de végétaux, et semblent s'en porter plutôt bien, ce n'est évidemment pas un argument recevable (recevable par les éleveurs, les bouchers, et toute la chaîne industrielle de production de viande). Pas innocemment qu'on a placé en tête de la hiérarchie animale le lion, un carnassier, quand le seul à n'avoir pas de prédateur, c'est l'éléphant, parfaitement herbivore, parfaitement paisible aussi longtemps qu'on ne lui marche pas sur les pieds. Mais la cause est entendue. Sans le poulet rôti du dimanche et les burgers de la semaine on n'arrivera à rien. Cette idée que l'ingestion de viande conférerait la puissance de l'animal est un malentendu qui remonte à loin. C'est, via la domestication – c'est-à-dire l'asservissement de l'animal qui figurait jadis dans le panthéon du paléolithique supérieur et qu'on abaisse, qu'on humilie délibérément –, l'affirmation du pouvoir de l'homme sur ceux qui le narguaient quand il grelottait dans un climat polaire au milieu des grands mammifères. L'expression fanfaronne de la consommation de viande, ce n'est que ça, que cette morgue stupide et revancharde. C'est prétendre ingérer non seulement la force de l'animal, mais son pouvoir hiérarchique qui le plaçait bien au-dessus des humains (et c'est pourquoi on ne trouve pas de figuration humaine dans les grottes ornées, pas de monarques trônant en majesté. Les princes sont les grands mammifères, dont les bovidés et le cheval).

La question du véganisme ne se pose pas au paléolithique supérieur. Par une température sibérienne, si on compte sur les baies, les fruits et les céréales sauvages, et rien que sur sa peau nue, on meurt onze mois de faim et de froid. Ce qui est déjà trop pour mourir. Reste l'alimentation carnée et la chasse, cet affrontement avec les forces du monde, ce prélèvement de l'esprit du monde. La chasse paléolithique ne peut être que mystique. Prenez et mangez car ceci est mon corps divin. Si l'homme s'est adapté, boulottant tout ce qui lui tombait sous la main, il ne présente pourtant pas les caractéristiques physiologiques d'un omnivore. La mâchoire d'un omnivore comme l'ours est dotée de canines puissantes et elle ne fonctionne que verticalement. Au contraire de celle de l'homme qui a des canines ridicules et peut commander ce mouvement horizontal par lequel on mastique les graines. L'homme est comme ces enfants naturellement gauchers que l'on contraint à écrire de la main droite, il est un fructivore contrarié. Nos frères en génome, les chimpanzés, consomment quatre-vingt-dix-neuf pour cent de fruits et graines, les un pour cent restant c'est pour les insectes qui passent sous leur nez. Nous pouvons, nous, pour les repousser, allumer des serpentins d'encens et laisser aux jolis hérissons les nids de fourmis.

Que les grands herbivores ne consomment que des protéines végétales d'où ils tirent puissance et vitalité, soit, mais on n'est pas des bêtes. C'est humiliant pour l'homme triomphant d'être ramené à cet état ancien, du temps de la forêt et de la savane d'où il s'est extrait il y a si longtemps. Et pour bien marquer sa différence, il va régler sémantiquement, métaphoriquement ses comptes : bête comme une oie, âne bâté, laid comme un pou, un temps de chien, prendre le taureau par les cornes, manger comme un cheval, parler comme une vache espagnole. De la vache on retient aussi sa rumination et son regard bovin, deux caractéristiques méprisantes. Alors que la rumination constitue le mouvement même de la pensée et que les vaches ont de très beaux yeux. Et quand on s'est avisé de la nourrir de farines animales, c'est-à-dire des carcasses de ses congénères broyés, la vache a perdu la raison, a été rendue littéralement folle. Pas concevable de consommer ses semblables. Et après avoir titubé sur ses jambes elle nous a transmis l'encéphalopathie spongiforme. Comme un avertissement au ramollissement de notre esprit.

Il existe bien sûr des protéines végétales que l'on trouve dans les lentilles, les fèves, les céréales, les fruits à coque, mais quoi, on n'a pas des estomacs d'oiseaux ou d'écureuils. Ne confondons pas. Et les sites référencés sur la nutrition d'entonner le refrain, mille fois repris par les petites voix des médias, du distinguo : « On trouve des protéines dans les aliments d'origine animale (viandes, poissons, œufs, fromage, lait) et également dans les aliments d'origine végétale (céréales, légumineuses, oléagineux). Mais leur valeur nutritionnelle n'est pas équivalente. » Et on commence d'enfoncer le coin. Les protéines végétales sont bonnes pour l'image mais déficientes pour la santé. Il n'y a que les babas bobos jouant à la dînette écolo pour s'en délecter. S'ils retournaient la terre à la bêche comme ils le recommandent ils constateraient vite que le boulghour du matin doit s'accompagner d'un saucisson de onze heures pour peu qu'on ne se contente pas d'arroser son persil avec le vaporisateur de Chanel. Sans protéines animales on dépérit, on pâlit, on cherche tout le temps un fauteuil où s'écrouler en se lamentant d'être fatigué. Et la cause ? Apprenez, vegans, végétaliens, la triste vérité : vous êtes « carencés ».

Le terme est d'usage récent. On ne trouve pour l'illustrer qu'un article datant de 2014 de *Science magazine* : « La cochenille farineuse des citrus se nourrit de sève élaborée, un aliment déséquilibré et gravement *carencé* en acides aminés essentiels. » Apprenez vegans, végétaliens, que vous êtes de la famille des cochenilles farineuses des citrus. Et pour ce qui est de l'espérance de vie, vous qui vous prévalez d'un brevet de santé, voyez avec ladite cochenille, ça ne va pas chercher loin. Heureusement, peuple carencé, vous pouvez compter sur la science. Nous vous recommandons de procéder à des analyses régulières (très bon pour les laboratoires) qui détecteront les manques, autant dire les « carences » de votre organisme, après quoi votre médecin traitant (très bon pour les cabinets médicaux) vous prescrira une liste de médicaments compensatoires, plus exactement des « compléments alimentaires », que vous vous procurerez en pharmacie (très bon pour les détaillants et l'industrie pharmaceutique), que vous prendrez consciencieusement à vie selon les recommandations de votre médecin (très bon pour la rente), qui ne manquera pas, lors d'une prochaine visite suite à une dépression passagère, de vous renvoyer vers le laboratoire d'analyses afin de vérifier s'il ne serait pas judicieux d'envisager un scanner (très bon pour les centres de radiologie). Ainsi, grâce aux « carences » la machine à cash tournera à plein régime. Formidable. Oui, oui, tous vegans carencés. À condition bien sûr de maintenir la pression. Que ceux-là n'aillent pas s'imaginer en bonne santé sous prétexte qu'ils n'éprouvent aucun symptôme alarmant. Vous vous sentez bien ? Oh là là ce n'est pas bon signe. C'est même inquiétant. Ce qui implique de semer le doute et d'entretenir tout un dispositif alarmiste. N'oublions pas pour ce faire de nous montrer généreux avec les magazines de santé, les sites, les éditorialistes qui doctement expliqueront qu'être en bonne santé c'est extrêmement inquiétant. Courez vite au laboratoire d'analyses. Concrètement, tout végétalien est un malade qui s'ignore (doublé d'un malade mental, penser à prévenir nos amis psychiatres, quelques psychotropes peuvent aider dans un moment difficile, et en général on les prend à vie). On rit encore de ce bon tour chez Sanofi et Cie. Carencés de tous les pays, donnez-vous la main. Euh non, pas les enfants faméliques du Yémen.

Ernst Schumacher, qui connut son heure de gloire avec *Small is beautiful*, paru en 1973, dont la formule a été reprise à tort et à travers et souvent à contresens, qu'on devrait lire encore, nous avait aussi alertés. Cette confusion entre revenu et capital qui semblait assurer une source de profits illimités reposait sur un contresens magistral des économistes. Le capital en question ne relevait pas de la production humaine mais de l'incréé, de notre sol même. Le revenu consistant simplement à piller la Terre et ses ressources dont en moins de cinquante ans nous avons découvert qu'elles n'étaient pas inépuisables. Les solutions qu'il proposait : durabilité des choses, mettre un terme au gaspillage, produire localement pour une population locale ce qu'on appelle aujourd'hui les circuits courts, agro-écologie, une technologie à la vraie mesure de l'homme, réintroduire des notions non rentables comme la beauté, la paix, le temps, le savoir-faire, on a à peine besoin de les dépoussiérer. Mais les gens du Capital, celui non de la Terre mais qui naît selon Marx de la plus-value, de l'accumulation des biens, ne l'entendaient pas de cette oreille. Piller encore et toujours, exploiter encore et toujours, spolier encore et toujours, et le sol et les hommes, de manière à voir grandir le tas d'or sur lequel ils sont perchés comme des canards à bec jaune coiffés d'un haut-de-forme.

On peut dans ces conditions ne pas être séduit par le système capitaliste dont on nous vend pourtant qu'il est sans égal, voire le seul en mesure d'assurer le bonheur de l'humanité. À condition qu'on attache la notion de bonheur à la seule possession des biens, ce qui n'était pas l'avis de saint Matthieu par exemple, ni de son maître dont il reprend les propos (perdre sa vie en la gagnant etc.). Pour tout esprit normalement constitué, si on lui donne à choisir entre sa vie et un tas d'or, il semble que nul ne choisira le tas d'or. Or il s'agit bien de cela : le tas d'or (pour un pour cent de la population) contre la survie de l'humanité (sept milliards). C'est oublier que la raison financière ne fonctionne que sur un unique critère, parfaitement borné. Pour elle la vie sans profits n'est pas la vie.

Nous sommes le 1er septembre 2016 à Genève dans une réunion publique où Total reçoit ses actionnaires. Le PDG rassure ses troupes. L'entreprise a récemment découvert de nouveaux gisements, rentables – c'est évidemment la condition –, qui devraient lui assurer un approvisionnement conséquent pour de nombreuses années encore. Sourires d'aise dans l'assistance. Mais soudain quelqu'un se lève et conteste l'effet d'annonce. Total s'était engagé à ne plus procéder à de nouvelles recherches de gaz et d'hydrocarbures. Dorénavant, outre l'exploitation de ses propres sites, l'entreprise userait de tout son savoir-faire au développement des énergies renouvelables de manière à ne plus dépendre des énergies fossiles. À peine cette personne a-t-elle commencé à développer son argumentaire que des cris de protestation se font entendre dans la salle. Que fait cette personne ici ? Une provocation. D'autres soutiens au protestataire se manifestent. Brouhaha général. On en vient quasiment aux mains. On apprend que des gens de Break Free, une organisation internationale contre l'extraction d'énergie fossile, se sont infiltrés afin de saboter la réunion. On les évacue manu militari. Le calme revenu, on demande quand même des explications. Non sur la reprise des forages mais comment ces gens ont-ils réussi à entrer. Manquement grave des services de sécurité, contrôle d'identité trop laxiste. Que fait la police (privée) ?

La réunion reprend. Cette fois nous sommes entre gens de bonne compagnie pétrolière. Oui, Total va exploiter de nouveaux gisements, promesse de nouveaux profits. Et une femme se lève, qu'à sa mise élégante on n'avait pas soupçonnée d'appartenir à la bande de voyous qui ont interrompu la séance. Elle reprend la critique précédente et dénonce la responsabilité des hydrocarbures dans l'augmentation du CO_2 dans l'atmosphère. Aussitôt un jeune homme dans un petit costume de trader se dresse, excédé, furieux, Sortez-la, inadmissible, et dans un aveu fulgurant : On ne parle jamais de dividendes, on ne parle que de CO_2, on s'en fout bordel. On aurait presque de la peine pour ce jeune homme si on n'apprenait qu'il fait lui aussi partie de la distribution de Break Free pour laquelle il joue le rôle de l'opposant borné. Et cette scène moliéresque dit mieux que toutes les démonstrations combien certains ne songent qu'à leurs parts sur la cargaison, alors que la coque est éventrée et que l'eau monte dans la cale.

Malheureusement on ne fera jamais plier les grands groupes par le théâtre, le simple bon sens, en lançant des slogans vengeurs ou en défilant dans les rues avec des pancartes menaçantes du style « Total on te fera la totale » ou « Monsanto on aura ta peau ». Ça soulage sur le moment, ça permet de se sentir une âme de guerrier mais ça n'empêche pas les parlementaires de voter comme un seul homme contre l'implantation d'éoliennes et l'interdiction du glyphosate. On imagine qu'un florilège de ces panneaux menaçants décore les salles des conseils d'administration à Paris et Saint Louis, Missouri, signé de Seattle, Berlin, Rio, de quoi entre deux rires goguenards regonfler d'ardeur la troupe d'empoisonneurs. Et comme on est très amis avec Sotheby's, le jour venu on les vendra aux enchères. On fera un tabac. Ah, faites-moi penser à acquérir les revues d'art les plus importantes.

« Les puissants sont souvent des ratés du bonheur, de là vient qu'ils ne soient pas tendres », dit Camus devant la caméra de la RTF. Le grand Albert se trompe. C'est simplement qu'ils trouvent leur bonheur ailleurs que là où l'auteur des *Justes* n'aurait pas idée de le chercher. Dans de mauvaises actions. C'est un bonheur qu'on ne parvient pas à comprendre. Qu'il y ait des gens que la notion du mal ne retient pas, qui dans certaines occasions n'ont aucun problème à s'affranchir de la morale élémentaire, ça dépasse l'entendement. Pourtant s'affranchir des interdits qui font que chacun est en mesure de dire ce qui est une bonne ou une mauvaise action, c'est la clé du génie du mal. Et ça tient à presque rien. À une décision qui ne demande que l'audace de la formuler.

Jusqu'alors on n'osait pas. De lointains préjugés, de ridicules préventions, ou bien ça ne se fait pas. Mais si, ça peut se faire. Oser, c'est s'apercevoir que le mur de l'interdit est une cloison de papier qu'on déchire d'un coup d'ongle. C'est toujours en petit comité, autour d'un déjeuner peut-être, entre la poire et le fromage, alors que l'esprit du vin commence à s'infiltrer dans les sphères de la pensée, que se décide l'élimination des Arméniens, des Juifs, des Gitans, des villages kurdes, des Yézidis. Au lieu de renvoyer « t'es pas fou » à celui qui a formulé la suggestion radicale, ou de l'interroger : « c'est une blague ? » l'entourage nullement désarçonné, levant le petit doigt pour se saisir de l'anse de la tasse de café, considère avec sérieux la proposition démente. Exterminer jusqu'au dernier ? Oui. Tiens, c'est une idée, voilà qui réglerait le problème en effet. Et personne ne quittera la pièce en signe de désaccord, effaré qu'on pût seulement avoir ce genre de pensée. Les membres présents se chargent au contraire de convaincre un indécis qui reconnaît bientôt qu'il a eu un moment de flottement mais que bien sûr c'est une vraie solution, qu'elle a le mérite d'être finale. Et pour l'exécution ? On lance plusieurs noms puis on s'entend sur une personnalité qui a un remarquable sens de l'organisation, et suffisamment d'autorité, de conscience du travail bien fait pour s'entourer d'une équipe à sa botte et mener à bien sa tâche. Un homme de confiance à la moralité irréprochable. Bon, eh bien, voilà une question réglée, on peut lever la séance. Et chacun de replier ses dossiers, de les glisser dans la belle mallette en cuir offerte pour la fête des Pères. Un coup d'œil par la fenêtre. Il fait beau. Je vais marcher, dit l'un. Je t'accompagne, dit l'autre, je sais que tu aimes jardiner, j'aurais besoin d'un conseil pour mes rosiers.

Quelqu'un a ainsi posé un pot de Roundup, sorti des laboratoires et des cerveaux du groupe, au milieu de la longue table autour de laquelle sont assemblés les décideurs de Monsanto. Il prévient. C'est de la bombe. Pour les insectes et les parasites ? Pas seulement, dit le spécialiste. Il connaît les bornes du vocabulaire maison et ne va pas s'avancer à parler crûment de cancers, de maladies génétiques, de déformations congénitales, de leucémies, d'infections pulmonaires, de concentration excessive de néonicotinoïdes dans l'organisme, de danger quasi nucléaire pour les riverains des parcelles traitées. Il résume son sentiment d'une phrase prudente : Le risque de dommages collatéraux, d'après nos tests sur les souris et les rats, n'est pas à négliger. Et tout le monde comprend, pas besoin d'un dessin, de photos de fœtus mutilés. Ça donne à réfléchir, dit un hésitant. C'est tout réfléchi, coupe un autre qui voit la rente s'envoler par la baie vitrée au-dessus du Mississippi. Et pour détendre l'atmosphère et clore ces conflits intérieurs, un important déclare que c'est plutôt une bonne nouvelle si le produit fait aussi office de raticide. Et peut-être à ce moment un ange traverse-t-il la salle déroulant entre ses mains une étole sur laquelle on peut lire en lettres brodées zyklon B. Chacun retient son souffle. Voilà, il est passé, reprenons. On dispose là d'un argument vertueux : le produit ne s'attaque qu'aux parasites. Ce sont eux et eux seuls qui nuisent à la santé. Notre firme demande à être rangée aux côtés des bienfaiteurs de l'humanité. Notre unique souci est de lutter contre le spectre de la famine dont les rongeurs sont en partie responsables. Et à l'oreille d'un collaborateur dévoué : D'ailleurs faites-moi penser à verser un million de dollars à l'association pour la faim dans le monde, enfin contre la faim, enfin vous voyez. Puis se ravise : Euh, non : 500 000. Et bien entendu, pour les parlementaires et décideurs politiques, on procède comme d'habitude. On arrose.

Face à quoi on se sent bras et jambes coupés, effaré devant tant de mauvaise foi, de mauvais sentiments, écœuré par l'impunité dont bénéficient ces tueurs à gages considérables, désarmé face à un tel étalage de puissance. Comment arrêter sans aucun moyen de défense un régiment de blindés ? L'image est bouleversante de cet homme au courage inouï planté sans bouger, place Tienanmen, et forçant la colonne de tanks à piler. Mais pour ce qui s'est passé ensuite, on a détourné les caméras. La suite, c'est un massacre. Il y a une telle disproportion de forces, un tel déploiement de moyens, une telle complicité à tous les niveaux, industriel, politique, économique, médiatique, que la partie semble perdue. Comme si inéluctablement nous étions destinés à finir en crêpes dentelle sous les chenilles des chars.

La cause de nos maux, de cette planète exsangue, empuantie, polluée, irrespirable, vidée de ses ressources, de ses espèces et bientôt de la nôtre, porte un nom : c'est la consommation. Les grands groupes ne profitent honteusement de la situation que parce que nous nous tenons la gueule ouverte prêts à avaler, avec l'entonnoir de la publicité et de la convoitise, toutes les cochonneries (pardon, cochon), toutes les dégueulasseries qu'on nous propose. Et dégueulasserie n'est pas un mot usurpé quand on détaille les ingrédients d'un plat préparé, où les produits nécessaires à son intitulé s'effacent vite devant la longue liste des additifs s'étalant sur plusieurs lignes, qui ne nous disent rien, qui ne disent plus poireaux ou blé tendre, qui disent formules chimiques, pharmaceutiques, algébriques où le E est une variable du X, autant de libellés abscons sortis de la cornue d'un alchimiste fou, qui remplace le bœuf par du cheval et le jus d'orange par du carotène synthétique. Le mensonge organisé, mis en scène, officialisé, dénoncé parfois sans que ça change quoi que ce soit, est le bain amniotique du consommateur moderne qui vit dans un monde entièrement retapissé d'images manipulées, trafiquées, fautives, et pour souvent d'images défuntes. Ce saumon cabré sur le couvercle d'une boîte de conserve, arc-bouté contre le courant pour rejoindre les frayères n'a connu qu'un filet monumental immergé dans un fjord où, parmi des dizaines de milliers de congénères, aussi serrés que des poulets en cage, couvert de pustules il a été nourri d'antibiotiques et de farines broyées de carcasses animales. La grande fraternité des exploités entre eux.

Aldo Leopold est un naturaliste américain qui, parallèlement à son travail pour les services forestiers, a enregistré dans ses carnets les bouleversements qu'imposait le monde moderne à ce qu'on appelait encore l'espace naturel, découvrant à quel point les écosystèmes étaient fragiles, et comment leur équilibre interne avec ses rapports d'interdépendance entre plantes et animaux pouvait être bouleversé par l'ouverture d'une seule route. Les parcs nationaux, dont l'initiative remonte à John Muir, qui s'aventurait dans les montagnes Rocheuses avec du thé et un sac de pain sec, devenaient des zoos botaniques à grande échelle et, par la fréquentation de plus en plus importante d'un tourisme de masse, perdaient inexorablement ce qui avait été leur raison d'être : la préservation d'un espace vierge, non pollué, d'où toute activité humaine dégradante serait bannie. Ces visiteurs que la société industrielle avait confinés dans de grandes cités et qui manifestaient par ce désir d'un retour à la « nature » leur formidable nostalgie d'en être privés, se conduisaient en dépit d'eux comme les hordes d'Attila sous lesquelles rien ne repousse.

On sait que l'une des particularités de la physique quantique consiste à intégrer l'observateur à l'expérience, que des calculs purement objectifs, détachés, sont littéralement une « vue de l'esprit ». Ce qui dit que le monde en soi, qu'on étudierait comme derrière une vitre, n'existe pas. L'observateur est une part du monde et par le seul fait de s'y intéresser modifie la réalité. Ce qu'avait noté Aldo Leopold, qui voyait s'évanouir sous ses yeux le théâtre de verdure qui avait servi de décor aux récits des pionniers. L'esprit de lucre, ou la simple curiosité, voire même une « bonne action » comme l'assèchement d'un marais au nom d'une mesure de salubrité, rognaient sur les dernières poches vierges préservées.

D'ordinaire, dans ce genre d'endroit précieux on nous met en garde : Prière de ne pas toucher, contentez-vous de regarder. Le type de recommandation qui intervient après qu'on a découvert un prénom gravé sur un bison de la grotte de Lascaux n'ayant aucun lien avec la signature de l'artiste magdalénien. Or regarder suffit à abîmer le réel. D'autant plus quand le regard s'émerveille de la beauté du paysage à travers la vitre d'une automobile. Il arrive ainsi que les meilleures intentions du monde aboutissent à un effet contraire à celui souhaité. Et *in fine* à la disparition d'espèces protégées.

Aldo Leopold est contemporain de la mise en place de l'*American way of life* qui va peu à peu devenir le modèle mondial. Avec les GI's en représentants de commerce, distribuant Coca-Cola, chewing-gums, barres chocolatées, cigarettes blondes. Prenez, vous paierez plus tard. Ce qui, cette facture, va s'appeler le plan Marshall. Un modèle centré sur le fétichisme de l'objet et démultiplié par le désir mimétique : je veux ce que tu veux. Comme dans la *Complainte du progrès* de Boris Vian : « Un frigidaire, un joli scooter, un atomixer, et du Dunlopillo, / Une cuisinière avec un four en verre, / Des tas de couverts et des pelles à gâteau. » Trônant en majesté tout en haut de la liste des convoitises, la voiture offrait aux citadins américains de les conduire dans les grands parcs à la recherche d'une nature inviolée qu'ils violaient par leur seule présence. Dans la préface à son formidable *Almanach d'un comté des sables*, Aldo Leopold avertissait par une formule euphémistique des risques d'une dégradation de notre écosystème : « Rien ne saurait être plus salutaire à ce stade qu'un peu de mépris pour la pléthore de biens matériels. »

L'accumulation de profits n'est que la conséquence de cette accumulation des biens matériels. Biens matériels dont on mesure l'inanité à la multiplication à travers le pays des vide-greniers, proposant téléphones à fourrure, baigneurs pleurant dont manquent un bras et des piles introuvables, poupées Barbie dénudées, cassettes de jeux vidéo sans la console, micro-ondes sans ondes, VHS sans lecteur, assiettes ébréchées dépareillées, coucous suisses aphones, appareil à raclette dans son emballage d'origine (cette année-là à Noël, entre les enfants, le comité d'entreprise et le loto de l'association, on en avait reçu trois), livres à la reliure simili-cuir jamais ouverts, télévisions au tube cathodique aveugle, bloc de plastique rouge dont il faut rappeler l'usage lointain (glisser un disque 45 tours par la fente, un quoi ?), les premières liseuses électroniques aussi désuètes qu'un minitel, des garde-robes vingt ans d'âge gardées pour on ne sait qui et au cas où, et mises à l'encan faute de successeurs intéressés, une robe de mariée sous sa housse avec une tache de vin d'origine, un fer à repasser époque Degas dont on suggère qu'il peut servir de presse-papier, une boîte de farine de régime à peine entamée, des cartes postales que l'on feuillette en espérant tomber sur le village de son enfance, une balance à plateaux sans les poids, une pleine caisse de Lego à trier comme des lentilles, une perruque de carnaval, des cartes Pokémon, formidable cabinet de peu de curiosités dont on cherche à se débarrasser en espérant quelque profit, histoire de récupérer une part de ce recel généralisé organisé par le « marché ».

Les vide-greniers peuvent être considérés sociologiquement et économiquement comme le symptôme d'une paupérisation en acte, une sorte de mont-de-piété qui ne dirait pas son nom. Ou bien, dans une optique mercantile, comme une recherche de profits « à tout prix », vérifiant les intuitions d'Adam Smith et consorts pour lesquels l'intérêt privé passe avant l'intérêt général. On peut aussi les voir, ces vide-greniers, comme des pelotes de réjection du capital et de sa production effrénée de biens ineptes. Comme si les greniers, les caves, les placards vomissaient ces objets dont on nous a vanté, sous une forme ou sous une autre, à un moment donné, le formidable gain, de temps, de fatigue, de plaisir, pour notre vie matérielle. Comme s'ils étaient la matérialisation de manques inconnus jusque-là, ce qui s'appelle la loi de l'offre, qui est l'autre nom du bûcher des vanités. Des pièces d'un puzzle industriel censées s'emboîter exactement dans la découpe d'un malaise existentiel, d'un déficit de reconnaissance, d'un sentiment d'inutilité ou d'une peine de cœur.

Cette « pléthore de biens matériels » qui assuraient jusque-là la rente du Capital tend à être remplacée par des biens immatériels qui ont cet avantage de se passer de matériaux et de façonnage, de nicher dans les nuages, plus exactement dans le nuage, *the cloud*, un nuage ruisselant d'argent, lequel entend tout, comme l'âne d'or d'Apulée grâce à ses grandes oreilles, vaste système d'exploitation ayant accès directement aux comptes bancaires dans lesquels il pioche à pleines mains avant même tout usage, tout service rendu, en préalable à toute transaction – c'est la gabelle sans les gabelous –, à qui l'on remet nos secrets, nos albums photos, nos économies, nos espoirs hypothéqués, qui évolue sans gêne dans nos cerveaux comme dans un moulin, qui en aménage les coins et les recoins, en prend littéralement possession, les modifie et les modèle à sa convenance, dont on change en permanence les règles, les codes, les algorithmes, les logiciels, les abonnements, les applications, à ne plus s'y retrouver, à devenir fou – c'est le but recherché –, où l'on rend caduques par une simple manipulation numérique les données, les appareils, de manière à entretenir une dépendance totale des utilisateurs, s'assurant ainsi une rente exponentielle comme jamais, puisque ne nécessitant dans l'échange aucun bien matériel, juste des ondes, du vent. Dans les vide-greniers du futur on disposera sur la nappe étendue au sol des petits cartons indiquant la nature de la place vide sous eux : abonnements ceci, applications cela, et forfaits pour la planète Mars.

Des gens qui se moquent en toute conscience de semer la mort, que ne répugne pas l'idée de faire le mal, pactisent avec le diable. Dans leur mallette à maléfices il n'y a pas que les pesticides et des Mediator aux effets secondaires plus fatals que la maladie (Mediator, Vioxx et Levothyrox sont responsables de plusieurs dizaines de milliers de morts), les armes dévastatrices achetées avidement par les démocraties du Golfe et les OGM passés comme des menottes aux poignets des agriculteurs. Il n'est qu'à se rappeler le lait en poudre destiné aux nourrissons que la propagande de Nestlé offrait aux populations pauvres d'Inde ou d'Afrique comme un moyen d'en finir avec cette image tiers-mondiste dégradante des bébés pendus à la mamelle. L'essayer, c'est l'adopter, c'est-à-dire créer une dépendance financière là où il n'y en avait pas. Mais trop pauvres les mères pour couper cette poudre blanche d'eau minérale, et c'est l'eau polluée des rivières que buvaient les nouveau-nés dont on dénombre avec ce traitement plus d'un million de petits cadavres qu'eût sauvés le lait maternel. Comment se remet-on d'un tel bilan ? Par un taux de croissance à deux chiffres. Pas de Nuremberg, pas de La Haye pour ceux-là. Ne pas s'étonner qu'il n'y ait que les religions et les sectes, qui se méfient de la séduction des biens matériels, pour s'opposer aux perturbateurs endocrâniens de l'endoctrinement consumériste. Car il s'agit bien d'un lavage de cerveau que l'on prépare à accueillir les plans et les plants qui donneront les fruits bénis du Capital.

La tradition – décrochez-moi ces enfants du sein de leur mère – sera systématiquement accusée d'être un frein au progrès, dénoncée comme un signe d'arriération mentale – d'où l'apologie incessante, intimidante des Lumières enrôlées depuis longtemps dans la cause des marchés. L'acculturation provoquée, entretenue est la culture du progrès. La culture est inculture. Grâce à quoi les intoxiqués d'Apple, qui couchent devant les boutiques de la marque pour être les premiers à emporter le nouveau modèle de portable à hotte aspirante dès le matin de sa mise en vente, passent aux yeux des médias pour les parangons de la modernité, quand on peut y voir de pauvres chiens pavloviens attendant l'ouverture de la boucherie Sanzot.

L'idéologie de la table rase, consistant à se débarrasser de toutes ces entraves d'un monde ancien qui récusait l'émancipation de l'individu, a préparé le terrain à ces cerveaux vidangés, désencombrés, nettoyés des vieilleries humaines. L'homme nouveau d'un côté et le *self-made man* de l'autre, affranchis de tout ce qui ressemblait à un asservissement, comme les savoir-faire, la relation à la nature, le rapport à l'autre, la civilité, la morale, la politesse, la parole donnée, le respect, autant d'empêchements à la recherche de profits par tous les moyens (tous les moyens sont bons pourvu qu'ils rapportent), ont œuvré à la poursuite d'un même but aboutissant à une même décérébration. L'homme seul, triomphant, libéré des contraintes sociales archaïques, est une outre vide. Reste à le « combler », cet homme évidé. D'idéologie, mais l'expérience fut peu concluante, terriblement ravageuse, provoquant une situation schizophrénique entre un concept enchanteur et la triste réalité quotidienne, alors place aux biens matériels, au ricanement, à l'esprit de talk-show, aux images racoleuses, sexistes, humiliantes (on comprend que dans l'imaginaire des annonceurs, c'est toujours l'homme qui est censé avoir la haute main sur les comptes), aux désirs en tout genre – voitures, voyages, grands crus, macarons Ladurée, sacs Vuitton, piscines du bout du monde, amours jetables, jeunesse permanente, vieillesse éternelle –, dont on nous donnera à « penser » qu'ils nous sont en propre, quand il ne s'agit que de la stratégie opiniâtre des marchands.

Jadis Luther et d'autres avant lui comme les vaudois ou les cathares, indignés par le train de vie somptuaire de l'Église, avaient dénoncé la simonie qui nourrissait grassement le clergé. Il y avait bien sûr le trafic des reliques, les rotules de martyrs dans les châsses, les cheveux de sainte Rita, le lait de la Vierge, des morceaux de tissu tachés de sang de la femme hémorroïsse qui parmi la foule parvint en catamini à toucher la tunique du doux rabbi dans l'espoir qu'il la guérisse, les crucifix, les médailles, les chapelets et toute la gamme des bondieuseries, mais le vrai coup de génie consistait à vendre des jours d'indulgence, des coupons d'éternité, des sortes de traites sur le Paradis. Autrement dit, si tu me verses tant, tu auras droit à autant de jours en moins à passer au Purgatoire auquel tu n'échapperas pas, de toute façon. Alors autant raccourcir l'épreuve.

Les jours d'indulgence, c'était de la réduction de peine. Le temps passant, on a convaincu leurs détenteurs que ces traites et ces coupons ne valaient pas mieux que les assignats de la Révolution. Si bien que nous avons hérité de cerveaux littéralement ruinés, dépossédés. Le Ciel métaphysique, repeint au XVIe siècle aux couleurs de l'astronomie scientifique, dont on attend encore pourtant qu'il nous dise notre avenir dans les douze signes du zodiaque hérités des Sumériens, que vidé de ses anges on a peuplé de satellites volants, et dont les nuées qui indiquaient le chemin de la Terre promise ont été remplacées par cet unique « nuage numérique » gros de tous les secrets du monde, le ciel qu'on annonce régulièrement agonisant ou mort, le ciel n'en finit pas de se réincarner. Aujourd'hui dans le *Cloud* et la surveillance universelle de tous par tous qui vaut bien l'œil dans la tombe regardant Caïn. Et la simonie de prospérer sur cette nouvelle promesse de paradis. La simonie, c'est-à-dire le nom archaïque du profit.

Ce n'est pas une mince affaire d'entretenir ce vide des esprits, d'éviter qu'il ne se laisse envahir par les plantes adventices du monde ancien. Les plantes OGM qui sont sans mémoire sont le pendant de la « table rase » et de l'homme nouveau. Il y a un lien évident entre le Roundup qui désertifie les sols et les marchés qui stérilisent les mémoires et évident les cerveaux. Il s'agit dans les deux cas de faire place nette, de désherber, de créer des besoins que l'on a délibérément provoqués, inventés de toutes pièces. Il convient d'abord d'assécher la source, après quoi on installe à proximité un débit de boissons et d'eau en bouteille. Les multi-monstres dépensent beaucoup d'énergie et d'argent à éradiquer toutes ces plantes parasites que sont pour eux la tradition (ne jamais oublier de stigmatiser les « ploucs »), le savoir-faire. L'ère du tout jetable qui témoigne d'un mépris de l'objet et des conditions de sa fabrication est aussi une manière de stigmatiser ceux qui ne jettent rien – les vieux – et cet art d'accommoder les restes qui passera pour un signe de radinerie (quand il est à la base de la cuisine), les lois naturelles (comment accepter de dépendre des saisons si j'ai envie de cerises en décembre et de fraîcheur en juillet ?). La modernité, c'est jeter, dénigrer, faire place nette. Ce qui est le commandement premier de la *tabula rasa*.

Du coup il revient aux grands groupes de prévenir tout retour à des modes de vie anciens, sinon sur le mode homéopathique du village de Marie-Antoinette et de la maison pour poupées, d'éradiquer par l'amnésie cette somme de connaissances accumulées au fil des siècles grâce à quoi les individus s'organisaient, s'autonomisaient, se débrouillaient, ce qui est le cauchemar du Capital. Surtout empêcher ceux-là de prendre possession de leurs vies, de même qu'on empêche les semences de se reproduire. L'objectif des marchés est de s'opposer à tout ce qui ressemblerait à de l'autonomie (une plante qui repousse, une façon de vivre tendant à une organisation locale et communautaire de production énergétique et alimentaire), et ceci, ce déblaiement des mémoires, afin de créer un état continu de dépendance. Priver les individus des conditions de leur survie puis installer partout des guichets, des barrières d'octroi par où ils devront immanquablement passer faute de se rappeler qu'ils ont un jour vécu autrement et que, par exemple, jusqu'au début des années cinquante du XXe siècle, l'agriculture ignorait les pesticides, ou encore, qu'à la même époque, dans les ateliers de couture les ouvrières chantaient.

Née en 1923 à Camélas dans le massif des Aspres, une zone aride des Pyrénées catalanes, à une époque « où la valeur marchande n'était pas la valeur absolue », puis institutrice sans jamais quitter ses montagnes – sa phrase écrite et orale est un ravissement –, Adrienne Cazeilles a toujours entretenu avec soin et attention son bout de jardin hérité du grand-père de son grand-père, non pas en maître et possesseur, mais à la manière d'un jardin mandala à l'écoute de la nature. « Un jardin pour se nourrir, un jardin du rien à jeter, du tout à recycler », dit-elle. Et elle ajoute : « C'est aussi, souvent, le jardin du tout à partager, le jardin du cœur. » L'écologie chez elle coule de source. Le mot viendra après. De son jardin-vigie elle tire les plus hauts enseignements pour la Terre. Elle accuse le monde moderne de remplir les piscines avec l'eau profonde du pliocène, de bitumer les sols, ce qui empêche l'alimentation des nappes superficielles et provoque des inondations catastrophiques. Elle dénonce les méfaits de l'agriculture industrielle dont le but n'est plus de nourrir les hommes mais de produire avec les conséquences dramatiques que l'on sait sur l'environnement et les consommateurs. Les siens lui ont appris à observer les nuances du ciel, les affinités des plantes entre elles, l'apparition des oiseaux. Elle note dans ses « calendrines » les variations des nuages et du vent, les heures d'ensoleillement et de pluie, « entre le 13 décembre et le 6 janvier, à l'exclusion de Noël, il suffit de noter le temps pendant vingt-quatre jours et vous aurez le temps des douze mois de l'année à venir ». Chaque jour représentant une quinzaine. Dans une confidence ultime, les yeux posés sur son jardin, elle cite sa « douce et tendre grand-mère » qui lui disait en catalan – elle traduit pour nous : « Il ne faut pas tuer tout ce qui dérange. »

En lettres d'or sur le fronton de vos sièges sociaux, de vos laboratoires et de vos usines : « Il ne faut pas tuer tout ce qui dérange. » Il est vrai aussi que ce précepte n'est pas sans contrepartie, qu'il s'accompagne de certaines règles, comme celle-ci par exemple qui fut le guide-fil de la citoyenne universelle des Aspres : « Je n'ai jamais voulu mal faire, ni faire le mal. Ai-je réussi ? » Au-delà, Adrienne. Et du côté de Saint Louis, Missouri ?

Dans *Le Trésor de Rackham le Rouge*, un petit homme à lunettes cerclées de métal, à la barbichette impériale et chapeauté d'un melon vert olive, cherche absolument à se joindre à l'expédition qui se prépare à partir pour l'île de l'ancien pirate. Il pourrait, prétend-il, grâce à un appareil de sa conception, aider à la recherche du trésor. Comme le capitaine du cargo est Haddock, et que même sobre il convient de ne pas trop l'énerver, il, le petit homme, est vertement repoussé par la brute marine, lequel ne veut pas entendre parler de l'invention. Ils s'entendent d'autant moins que le petit homme est sourd. Haddock a beau lui hurler dans l'oreille, rien à faire, le petit homme est honoré qu'on attache un si grand intérêt à sa proposition. Alors, excédé, se saisissant d'un morceau de charbon, le capitaine furibond entraîne le petit homme devant un mur de brique sur lequel il écrit : « Votre appareil ne nous intéresse pas. » Et s'en retourne tout content de lui en se frottant les mains. Même si on sait que le petit homme ne l'entendra pas de cette oreille, parvenant à embarquer clandestinement ses caisses sur le cargo, se livrant dans la cale à un remontage de son invention. Et une fois les pièces assemblées, qu'est-ce que ça donne ? Un requin. Là où il y a un trésor à trouver, de l'argent à se faire, on rencontre toujours des requins. L'information est passée dans le langage courant : les requins de la finance. Et pour qu'on n'accuse pas les poissons cartilagineux, que ce soit bien clair, à l'intérieur du requin, sous le cockpit, levant son chapeau pour saluer ou narguer ses hôtes, le petit homme aux commandes de son submersible se sourit à lui-même. Quel bon tour il nous a joué. Mais un classique aussi. La science au service de la convoitise.

Où l'on voit que le Capital est tenace, qu'il n'abandonne pas comme ça dès lors qu'il y a un trésor en vue, qu'il s'acharne, trouve moyen de se glisser dans la cale, autant dire dans nos inconscients, dans la crypte de nos esprits, et au moment où l'on pense s'en être débarrassé il resurgit en levant son chapeau melon comme un démonstrateur de supermarché, nous attrapant par la manche, nous prenant par les sentiments, si notre appareil ne vous intéresse pas, sachez que vous, vous nous intéressez. Nous ? Bien sûr. On fond. Tellement peu l'habitude d'être flattés. Et va pour un sous-marin de poche, « Une tourniquette pour fair' la vinaigrette / Un bel aérateur pour bouffer les odeurs / Des draps qui chauffent, un pistolet à gaufres. » Il n'est pourtant pas compliqué de refuser la « complainte du progrès », de dire non à cette avalanche de propositions. Non merci, n'insistez pas, votre appareil ne nous intéresse vraiment pas. Nous n'y trouvons pas d'amélioration dans nos vies. Du pistolet à gaufres n'est pas arrivé le bonheur attendu. Il ne viendra pas non plus du bel aérateur ou de l'abonnement mirobolant donnant accès à tous les matchs de la planète, à tous les films, toutes les musiques, tous les jeux vidéo, toutes les recettes de cuisine, toutes les séances de taichi ou de Pilates.

Votre appareil ne nous intéresse pas, il n'est qu'une machine à nous détourner de nous-mêmes, à nous priver de la possibilité d'exprimer nos talents, à voler non seulement notre argent mais ce qui est bien plus précieux encore, notre temps. Ce n'est pas seulement pour une question de profits que le marché offre des légumes surgelés, des plats tout préparés et des étagères prêtes à poser, c'est aussi une stratégie destinée à faire oublier qu'il n'y a pas si longtemps n'importe qui était en mesure de se livrer à des activités aussi élémentaires que le jardin, la cuisine, le bricolage. L'objectif consiste à déposséder tout un chacun de son savoir-faire de façon à le livrer, pieds et poings liés et bouche ouverte, aux étals de la grande distribution. De la même façon que les sols épuisés par les traitements, désertés de toute vie microbienne, nécessitent des amendements de plus en plus violents, de plus en plus polluants, de plus en plus mortifères, sur lesquels poussent des plantes stériles, irreproductibles, porteuses de cancers, que soignera l'associé de Monsanto, le docteur Bayer. Dans la fusion des deux géants, c'est Monsanto au passif trop lourd qui s'efface pour laisser l'intitulé du groupe au prétendu virginal Bayer. En réalité, changer de nom pour effacer le souvenir de la faute, Bayer connaît. Anciennement, c'était IG Farben.

Dans les cercles du pouvoir à Washington, il y a bientôt quarante ans, calculant que l'activité de l'économie mondiale était assurée par vingt pour cent de la population active, la question s'est posée : que fait-on des quatre-vingts restants pour qu'ils ne viennent pas contester cette belle envolée de profits, voire réclamer leur part, comme si dans leur esprit les dividendes se partageaient à parité tout au long de la chaîne de production. Le concept était déjà dans les tuyaux depuis une quinzaine d'années quand Zbigniew Brzezinski, ancien conseiller aux affaires étrangères de Jimmy Carter, vendit la mèche devant cinq cents hommes et leaders politiques et économiques réunis à l'hôtel Fairmont de San Francisco (Gorbatchev, Bush, Thatcher, Bill Gates, Ted Turner, ce qui dit bien les intérêts croisés des uns et des autres) en conclusion du premier *State of the World Forum*, le 1er octobre 1995. Et la solution pour calmer l'armée des ventres creux tient dans un mot d'une vulgarité inouïe qui ne peut sortir que de cerveaux vulgaires : *tittytainment.* Mot-valise mariant l'argot *tit*, sein (à la fois le sexe et l'allaitement) et *entertainment* (le spectacle).

On remarquera que les émissions dites de divertissement (divertir, distraire, détourner l'attention) remplissent ce cahier des charges, fonctionnant toutes sur le désir sexuel, plus ou moins affiché, plus ou moins poussé, et ses corollaires : refoulement et frustration. Ce qui implique évidemment un vocabulaire de haute tenue plein de sous-entendus graveleux en quoi excellent nos animateurs de fin de banquet. Le harcèlement sexuel est déjà dans les esprits. Et les esprits préparés au passage à l'acte, du chef de rayon au producteur de cinéma, du député à l'entraîneur sportif, dès lors qu'on souhaite exercer son pouvoir sur l'autre, l'humilier, le nier. En plus, ça fera bien rire dans l'entre-soi des semblables. Rappeler que le viol est un procédé de guerre. La pratique est ancienne, mais elle est aujourd'hui théorisée par les états-majors, enseignée peut-être, appliquée aussitôt qu'une armée s'avance triomphante. Comme c'est drôle aujourd'hui de s'en étonner.

Mais une fois les esprits occupés à ces spectacles où les allusions pornographiques sont bien sûr la plus efficace source de ricanements, on a la paix pour réformer. Réformer qui se présente toujours comme une amélioration de nos conditions de vie.

On va réformer disent-ils, et dans notre naïveté, nous rappelant les avancées de jadis, les congés payés, la durée du travail réduite, l'âge de la retraite avancé, nous pensons toujours que c'est pour notre bien, quand les réformes valent pour les biens, les grands biens, qu'il s'agit d'accroître encore, de sécuriser. Du côté des puissants réformer, c'est déblayer l'arsenal législatif, juridique, social, syndical qui entrave la marche des affaires. Les marchés ont besoin d'ordre, qu'ils appellent l'ordre mondial. Sorte de cryogénisation de la planète, où seuls circulent les marchandises et les hommes d'affaires (les migrants, restez chez vous, et les touristes entassez-vous sur ces îles flottantes, barres d'immeubles amphibies, qui sont la version *business class* des bateaux négriers où dans un ennui abyssal on feint de jouer à *La Croisière s'amuse* avec les ricaneurs professionnels embarqués, tout en larguant sa pollution au grand large).

On peine à se l'avouer, persuadés que le Progrès et la technique nous ont libérés de cette forme primitive d'exploitation, mais cet esclavage salarié se révèle tout aussi brutal que son ancêtre si on prend en compte les millions de victimes des accidents du travail (*in memoriam* les couturières bengalies du Rana Plaza), les *burn-out*, les suicides à force de pression, d'objectifs inatteignables, d'intimidations, d'humiliations, les existences raccourcies de ceux qui ont inhalé l'amiante et autres substances cancérogènes dont les scientifiques avaient pourtant garanti l'innocuité (pensée triste pour Abelio et Bébert, morts dans la « force de l'âge », les poumons rongés par les produits toxiques réservés à leur statut de prolétaires – enlève ton masque, camarade, ça ralentit la cadence –), connaissant en outre que depuis les docks de Londres, le Progrès a consisté non pas à éradiquer la misère et l'exploitation, à dénoncer le travail des enfants et les conditions de vie sordides du prolétariat, comme on s'en gargarise, mais à les soustraire à nos yeux et à les exporter ailleurs, dans des pays que Jules Ferry et d'autres considéraient comme peuplés de sous-hommes que notre monde éclairé avait le devoir de civiliser, par le pillage des ressources, un traitement brutal et un travail aussi peu rémunéré que possible.

Il y a une logique à ce que les hommes de Progrès aient poussé à la colonisation. Il s'agissait de créer des sortes d'enclaves, des Guantanamo lointains, où l'exploitation deviendrait invisible, et ne serait pas empêchée par ces lois contraignantes qu'eux-mêmes déposaient pour la Patrie reconnaissante. D'expédier ailleurs la poussière qui nous amenait la larme à l'œil, sans ralentir la marche aux profits. Le Progrès qui selon nos sages nous aurait sortis de notre arriération n'a été qu'une formidable machine à délocaliser la misère et l'exploitation. À repasser la misère et l'exploitation à son voisin, pourvu qu'il soit le plus éloigné possible. Et pour se dédommager moralement de cette manœuvre d'exportation d'un esclavagisme ne disant pas son nom, c'est dans les lointains qu'on invente le sous-homme, sorte de version exotique du prolétaire. Sans doute par un reste de christianisme, s'appliquait-on officiellement à voir dans ces bêtes de somme enchaînés à la machine nos pareils, mais dans ces lointains peu touchés par « bienheureux les pauvres », l'esprit libéré des vieilles lunes obscurantistes, on s'en remet à la pensée scientifique qui ne voit aucun problème à déclassifier les individus. Ce qu'on cherchera à démontrer par l'exposition coloniale de la porte Dorée en 1931, troisième du genre après celles de 1889 et 1907, à Paris, ou à Stuttgart en 1928, ostentation d'une ménagerie humaine pour laquelle on ne peut même pas accuser Hitler. Pas encore là. Disons que le terrain était bien préparé dans les esprits pour sa venue.

Plus c'est loin, plus c'est sauvage, et moins c'est homme. Plus ça se rapproche de l'animal. Ce qui, en termes d'exploitation, pose moins de problèmes de conscience. Faire travailler un attardé humain sur l'échelle de l'évolution – on a tous en tête la frise montrant comment on passe du singe à l'Apollon du Belvédère en se relevant peu à peu et en perdant ses poils, les deux conditions pour faire un homme – revient à atteler une rosse à la noria. On ne va pas pleurer sur un âne. Le lointain, dans le temps ou dans l'espace, ne peut être que sauvage, sinon que vaut l'idée de progrès ? Alors exploitons cette forêt vierge humaine si peu humaine. D'où l'intérêt du transport et de la vitesse. Vanter la vitesse, c'est se réjouir de cette exploitation lointaine. On a évacué les docks de Londres à Shanghai et Canton, à Hanoi et Dacca. On a pu constater qu'effectivement les enfants travaillaient bien. Notamment pour les puissants parmi les puissants, Nike et Nestlé, avant que les firmes ne s'en émeuvent, feignant de découvrir l'ignominie et, craignant pour leur image, se transformant brutalement en chevaliers blancs outrés, en mère Teresa repentante. Étonnant comme les exploiteurs se découvrent une âme de bienfaiteurs dès lors que leur image se dégrade, se salit. Les exploiteurs répugnent à se présenter comme des salauds. C'est leur faiblesse. À exploiter. Mais loin des yeux, loin du cœur, 168 millions d'enfants travaillent toujours dans le monde, tandis que les docks de Londres sont devenus des lieux de promenade. Accompagnant la révolution industrielle, on débattait de l'âge à partir duquel on pouvait envoyer les enfants travailler à l'usine. Quatre ans semblait raisonnable. Mais certains estimaient que plus tôt encore, ce serait mieux, afin de bien s'imprégner de la dynamique du monde du travail. Dès trois ans.

L'âge a aussi tendance à rajeunir à mesure qu'on s'éloigne. Pour la vertu de nos villes on peut bien également fermer les maisons de plaisir, Thaïlande et Philippines sont accueillantes et bien moins regardantes sur les cartes d'identité de la main-d'œuvre locale. Pour les prébendes prélevées au passage sur ce tourisme sexuel, voir les voyagistes et les compagnies aériennes. Le monde de la vitesse est cette ardoise magique qui efface d'un aller-retour du poignet ce qu'on ne supportait plus de voir. Et qui nous revient sur des radeaux de fortune. La misère des lointains qui s'appelle reviens et s'échoue sur nos plages quand elle ne sombre pas dans les fosses communes de la Méditerranée.

On a également bien compris que « la vie moins chère », cette baisse continuelle annoncée des prix qui se veut le slogan des bienfaiteurs de l'humanité, où l'on n'en finit plus de profiter de prix coûtants, d'appels gratuits illimités et de buffets à volonté, est une stratégie délibérée pour ne pas augmenter les salaires et les orienter invariablement à la baisse. À quoi bon rétribuer si tout ne vaut rien. Plus on vante la vie à bon marché (slogan universel de la grande distribution qui écrase, lamine, ratiboise les prix), moins on se sent tenu d'augmenter les employés (que l'on compresse également sous la menace de la concurrence planétaire). À quoi bon puisque tout est « donné » ? Plus on « solde », moins on rémunère. La grande distribution est la caution « morale », réparatrice, des marchés.

On se souvient du slogan en direction de ceux qui peinent à finir le mois : « Travailler plus pour gagner plus. » Car ceux-là sont courageux, travailleurs, pas regardants à la peine. À quoi il convient cependant d'ajouter, ce qui va sans le dire et constitue la finalité du programme : travailler plus pour gagner plus pour acheter plus pour s'endetter plus. Ce qui fera le bonheur réel des marchés et des banques à défaut de celui des travailleurs grugés et attelés pour trente ans à la tâche. Pour résoudre cette contradiction, forcer à consommer tout en limitant les revenus, autrement dit acheter plus avec moins, autrement dit continuer d'agiter mille merveilles sous le nez de gens qui n'ont pas la possibilité de se les offrir, pour que les tentés achètent, achètent encore, achètent toujours, la société des puissants, des multi-monstres des marchés, sort de sa manche la carte magique : l'emprunt, l'emprunt qui donne l'illusion ultime de demeurer dans le train du monde d'où l'on craint d'être débarqué faute d'acquitter sa dette comme des resquilleurs à la gare prochaine. Mais comment pourrais-je acheter si je n'ai pas de quoi sur mon compte ? Mais si vous avez, mais non, je n'ai pas, je suis au courant tout de même, on m'a menacé de me couper les vivres si je ne remboursais pas mon découvert. Un effet de zèle de notre employé sans doute, qui n'a pas tout à fait saisi l'esprit miséricordieux de notre banque, et nous le chapitrerons comme il convient, mais un découvert ça se comble, et même bien au-delà. En un clic nous allons le garnir, ce compte. L'emprunt, c'est la vie qui continue, la vie qui ne se refuse rien, la vie comme si de rien n'était, la vie qui reporte sa douleur au lendemain, la vie qui procrastine pendant que les affaires se traitent à la seconde.

Combien vous faut-il ? De quoi rêvez-vous ? D'un écran tellement grand qu'il vous faudra acheter un salon plus vaste pour le visionner en son entier et vous enchaîner à des abonnements idiots ? Pas de souci. Une signature et tout est à vous. Et vous à nous pendant trente ans. Pendant trente ans nous allons prélever chaque mois de votre sang avec lequel nous nous oxygénerons car vous n'êtes pas sans savoir que l'oxygène est rare dans les hauteurs où nous évoluons. Et quand le sang manquera ? Ce qui est à vous sera à nous, l'écran géant, et le salon au mur percé pour reculer au plus loin le canapé, on vous laissera les abonnements idiots, c'est nous qui les produisons. Mais ne pensez pas au pire. Nous nous en occupons pour vous. Nous sommes assurés sur le pire. C'est une technique à nous, entre nous. L'authentique mutualité est un arrangement entre puissants.

Au demeurant nous savons pertinemment que vous avez contracté d'autres emprunts dans les organismes de crédit à taux usuraire, et qu'il existe un effet cocktail de dettes qui va précipiter votre chute, mais vous n'imaginez pas, vu de votre compte en banque à découvert perpétuel, comme on peut faire de l'argent avec les dettes. Pour vous une dette, c'est un souci, un trou qui ne laissera pas la conscience tranquille aussi longtemps qu'il ne sera pas rebouché. Pour nous une dette, c'est un produit financier comme un autre. Comme le lingot d'or ou une rumeur d'OPA. Sur laquelle on spécule, que l'on achète et que l'on vend, comme un paquet d'actions. C'est à cette dette que nous sourions quand vous poussez la porte de la banque.

Dans le monde antique, on n'a jamais vu un homme libre s'endetter volontairement pour devenir esclave. Aux États-Unis, certains retraités continuent de rembourser l'emprunt contracté dans leur jeunesse pour poursuivre leurs études. Une vie entière sacrifiée à l'entretien et à la pérennisation du système bancaire, c'est un sacerdoce. Pour mémoire, tout en plaçant notre espoir sur notre jumeau numérique qui souffre et se soigne à notre place, jusqu'à présent on n'a qu'une vie. Qu'as-tu fait, ô toi que voilà, pleurant sans cesse, dis qu'as-tu fait, toi que voilà, de ta jeunesse (Verlaine, conseiller à Pôle emploi) : J'ai remboursé mon emprunt, Paul.

Puisque les salaires ne daignent pas augmenter afin de ne pas nuire à la concurrence féroce que se feraient les marchés entre eux, ce que les puissants présentent comme une guerre impitoyable, ce qui les transforme en *warriors*, quand les pauvres sont les moutons bêlants, jamais contents, pas d'autre solution que d'accumuler les heures de travail. S'il est bien quelque chose de chinois dans la sagesse des « sages », à la rubrique « supplice », c'est cette idée de travailler plus pour gagner plus. En vérité pour rembourser plus. Autrement dit perdre encore plus son temps, ne plus disposer d'un temps à soi, au point d'être contraint de consommer ce qu'on n'a plus le temps d'accomplir soi-même et que le marché qui pense à tout réalise à notre place. Un plat, un clou planté, un coup de fer sur un ourlet, un joint à la fenêtre. De sorte que le gain est aussitôt réenglouti dans la machine à profits. Ce temps de travail prélevé sur notre temps libre étant en grande partie destiné à rembourser les emprunts et à se désenchaîner de la dette. La machine à broyer les corps tourne à plein régime.

Non seulement le travail tue mais il est associé par les trois quarts des salariés à un sentiment d'inutilité, à une incompréhension, une inanité des tâches, qui renvoie aux ateliers nationaux quand les uns étaient payés pour creuser des trous et les autres pour les reboucher, ce qui donnait encore l'illusion d'un labeur, au lieu que ces commandements dont le but et la nécessité échappent, ces réunions pour fixer la date de la prochaine réunion, ces *bullshit jobs* désormais ainsi qualifiés, en français très parlant, ces boulots de merde, ne font qu'accentuer ce gouffre entre les talents qu'on se prête et le peu d'usage qu'on en fait, ce qui pose la question du sens. À quoi riment mes envies ? Bilan : ce train lunaire nous prive de nos vies.

Au bout du bâton la carotte de la croissance, qui est comme ces chambranles de porte sur lesquels on note d'un trait d'année en année la progression en taille des enfants. La croissance croît, on veut bien le croire puisque les chiffres sont là, dont on nous explique qu'ils sont les reflets fidèles de nos existences. Si les statisticiens, les montreurs du doigt (en fait, il faudrait leur dire que c'est mal élevé) nous expliquent, démonstration à l'appui, que les choses vont mieux, ça signifie que ça ne peut qu'aller mieux pour nous, que si nous n'en ressentons pas les effets c'est que nous sommes de mauvaise foi, ou, ce que ces gens insinuent, trop gâtés. Trop gâtés, c'est vite dit. Parce que curieusement, et ça ne nous semble pas une vue de l'esprit, on le constate avec ces fins de mois qui, comme dans la chanson de Ferré, reviennent « sept fois par semaine ». Plus la croissance croît, plus l'espoir d'une vie facile décroît. La croissance serait-elle une illustration de cette loi du rendement inversement proportionnel ? Pas pour tout le monde, bien sûr. Les « fruits de la croissance » dont l'immense majorité ignore le goût atterrissent immanquablement dans le panier des fortunés qui ne savent plus où faire leurs courses, tellement ils ont de cabas remplis à débord à leur bras.

De sorte qu'il semble plus judicieux – pas pour les fortunés, on le concède – de s'en remettre à son contraire, à la décroissance, ce qui fera du bien à la planète puisque les riches polluent huit fois plus que les pauvres. Mais la décroissance, outre que sur le chambranle de la porte c'est pépé et mémé qui se tassent, ce qui ne présage pas d'un grand avenir, c'est encore une histoire de chiffres, d'économistes au doigt baissé. Au lieu que l'aphorisme du Capitaine, votre appareil ne nous intéresse pas, et qui s'en va en se frottant les mains, c'est parlant. Bon débarras, dit le geste. Haddock passant avec un air réjoui devant les rayons garnis sur lesquels il porte un regard dédaigneux, pas besoin, dit-il, m'en fiche.

D'ailleurs la suite lui donne raison, le trésor de Rackham le Rouge se cache, non sur l'île, mais dans les entrailles du château de Moulinsart. Dans la crypte autant dire, dans le foisonnement d'un imaginaire de brocante tel que le découvre Tintin une fois percée une cloison de brique semblable à celle de l'inscription. Mais à ce moment de son algarade avec le petit homme en redingote verte et chapeau melon Haddock n'est pas encore le hobereau à monocle que son cheval jette à terre dans les allées de son parc. Ce n'est qu'un ivrogne repêché par son jeune ami qui lui confie la seule chose qu'il sache faire hormis boire et fumer : piloter un bateau. Ce n'est pas le parvenu de Moulinsart qui repousse l'offre, ce qui serait d'un mérite moindre, mais l'épave alcoolique qui ne roule pas sur l'or. Sa joie profonde alors vient de son seul refus. D'avoir repoussé l'offre du petit homme. Votre appareil ne nous intéresse pas. Et hop, je repars léger en sifflotant. Et tant pis si mes poches sont vides. Refus de consommation.

De son périple dans l'île où s'échoua son ancêtre, on retient que ce dernier enseignait les perroquets en les insultant, au point que trois siècles plus tard ils étaient encore en mesure de débiter tout le chapelet des jurons du chevalier de Haddoque. Ce qui est aussi une autre information. Ce qui ressemble assez, ce concert criard, radoteur et grossier, au paysage audiovisuel chamarré. Aucun trésor à trouver là où les « perroquets » dupliquent, ânonnent à longueur de temps les ordres des maîtres qui ne sont qu'invectives et mépris.

Ironiquement on nous vend un Black Friday, un vendredi noir, le noir étant la couleur qu'envoient les pirates au sommet du mât avant d'attaquer un navire marchand. Le marché tueur avance sous pavillon noir. Victoire à plate couture du Capital qui n'a plus rien à craindre d'une menace communiste, laquelle l'avait obligé à prendre des gants, à céder un peu de son argent à la « masse » pour qu'elle ne bascule pas du côté des « rouges ». D'où l'usage d'un concept amortisseur, la social-démocratie, qui sans remettre en cause le système capitaliste obtenait de lui quelques concessions, sinon rouges pas contents, rouges faire révolution. Mais maintenant que le cauchemar est fini, plus peur de rien.

Plongez à pleins bras dans les bacs du grand bazar planétaire comme des soudards ivres. Consommez jusqu'à plus soif. Et tant pis pour la gueule de bois de l'humanité. Alarmant pourtant. Jusqu'à ce vendredi de mise à sac des matières premières et des corps producteurs, le jour noir de la semaine était l'apanage du jeudi 24 octobre 1929 qui inaugura à Wall Street le krach boursier mondial avec les conséquences désastreuses que l'on sait. Par cette rime narquoise le Black Friday nous annonce, avec un mépris et une arrogance dignes de la réplique du trader de la réunion des actionnaires de Total, que l'on se moque bien d'aller droit à la catastrophe pourvu que les bénéfices soient au rendez-vous. Comme si l'Apocalypse était déjà intégrée, parfaitement en vue, et que dans ce peu qui nous reste, comme dans une république de Salò pasolinienne, il s'agissait de profiter au maximum des dernières heures de nos vies avant le lundi noir, le mardi noir, le mercredi noir, le jeudi noir, le vendredi noir, le samedi noir et le dimanche noir.

Le mouvement de déconsommation est déjà amorcé, qu'il s'agit d'amplifier. La courbe mondiale a déjà commencé de s'inverser. Branle-bas de combat chez les pirates des marchés. Pas d'achats, pas de profits. D'où le lancement de ce vendredi de ténèbres qui se décode aussi comme un signe de panique. (Pour mémoire le vendredi célèbre qui est le vendredi saint voit le rideau du temple se déchirer et le ciel s'assombrir à trois heures de l'après-midi.) Comme d'habitude on prend toutes les précautions en usage dans ce libre-échangisme à l'allure de grand bordel, on savonne au préalable le terrain des mauvais esprits : tous ceux qui s'opposeront à cette mesure seront déclarés ennemis du progrès, et donc des Lumières (enfin des néons et des LED), peine-à-jouir, trouble-fête, rabat-joie, impuissants et, l'estocade fatale : fomenteurs de chômage puisque, c'est bien connu, c'est la consommation des ménages qui tire la croissance, que la croissance est génératrice d'emplois et blablabla. Compris ? Alors à l'abordage, vantez le bonheur d'acquérir à vil prix et retirez le bandeau de votre œil, ça fait mauvais genre.

Elle est tellement passée dans le langage courant, on nous la serine tellement que plus personne ne fait attention à ce que dit l'expression « pouvoir d'achat ». Elle dit sans y prendre de gants que notre pouvoir, celui qu'on nous concède, qui signe notre « réussite » matérielle, par quoi nous serons considérés « puissants », consiste à acheter. Acheter encore et encore. L'illusion de la puissance s'affirmant dans un caddie plein. On ne peut mieux réduire à rien « la liberté couleur d'homme ». Ironiquement on place sur la tête de celui qui a croqué la fève de la galette une couronne en carton doré. Comme chez les fous. Vive le roi des consommateurs.

Difficile de lutter contre un système dépravé, quand on se heurte soi-même à des incompatibilités relevant de la quadrature du cercle. Ce qu'ont dévoilé brutalement les réactions à la hausse de la taxe des carburants, à laquelle le climat servait de prétexte. On a découvert que pour certains, et parmi les plus modestes donc les plus nombreux, qui s'accrochent désespérément à trouver une solution pour leur vie, la voiture était un besoin vital quand il s'agit de résoudre l'un des théorèmes sociaux les plus iniques imposés par le patronat et la décomposition des services publics : plus la rémunération est faible et plus le logement bon marché s'éloigne du lieu de travail. Et des écoles, et des crèches, et des médecins et des pharmacies. Ce qui oblige à des navettes incessantes sur des dizaines de kilomètres. Ce qui coûte non seulement l'argent du transport et du maigre salaire, mais un temps infini que l'on trouve en rognant sur son repos, ses loisirs, sa réflexion, sa fatigue. Ce qui arrange les affaires des constructeurs automobiles, notamment français, qui avaient trouvé là une niche et, profitant de la situation, avaient vendu du diesel censé meilleur marché à ces gens contraints aux grands écarts kilométriques. Une merveille de stratégie, la manière dont les puissances industrielles et financières s'entendent comme larrons en foire pour trouver la solution la plus juteuse à leurs intérêts. Et sinon consciemment la fabriquer, encore que, du moins saisir immédiatement le profit qu'elles peuvent en tirer.

On pourrait en compensation développer les services publics, mais selon le même principe libéral, on fermera les lignes sous le prétexte qu'elles ne sont pas rentables. Et les écoles, et les crèches, et les maternités, et les urgences. Ce qui dit que l'État se comporte comme une entreprise privée, ce qui pervertit et annule la notion même de service public. L'État se défausse de ses prérogatives en les confiant à des sociétés privées qui, une fois empochée la prime conséquente offerte par les régions, se dépêchent de mettre la clé sous la porte. L'exigence de rentabilité économique crée le vide comme l'exigence de productivité selon Monsanto fabrique des sols stériles. Mêmes causes, mêmes effets.

Où l'on pressent que le grand rapt organisé, dont dépend la prospérité des puissants, est celui du temps. *Time is money* ? Le temps des autres, s'entend, de la servitude salariale, de cette course folle sans pause, sinon celle qu'offre une crise cardiaque ou un *burn-out* pour satisfaire au seul profit des exploiteurs. Un temps autrement « profitable », autrement « rémunérateur ». Car aligner des zéros additionnés à d'autres zéros comme en rêvent les puissants, ça ne fait jamais que la tête à Toto.

Si rapprocher le logement de son lieu de travail demande du temps, il est une chose que nous pouvons accomplir immédiatement, qui contribuera efficacement à la lutte contre la surchauffe de la planète et qui ne dépend que de notre seul bon vouloir. Aucune mutilation, aucun sacrifice de sa vie comme ces militants nihilistes prêts à mourir pour leur cause. Sans défiler, sans affronter des cordons de police, sans hurler dans des mégaphones, sans même avoir besoin de communiquer, en demeurant assis, à sa table, une décision immédiate qui sape le Capital dans ses fondements tout en exprimant dans le même mouvement la plus élémentaire pitié.

La sécession « humaniste » d'avec le monde animal nous a rendus prétentieux et analphabètes. Considérant les animaux comme moins que rien, nous oublions de les compter parmi les vivants. Une erreur de calcul monumentale. Bien se rentrer dans la tête que nous ne sommes pas sept milliards d'êtres respirant, engloutissant, rejetant, mais soixante-dix-sept milliards. Pitié pour nos frères moutons, cochons, poulets, saumons, nos sœurs vaches, brebis, oies, truites, que nous consommons en tranches, en hachis (imagine-t-on une tranche d'homme, un hachis d'homme), tous ces réprouvés du monde animal dont nous nous excluons avec hauteur et un total mépris, quand nous les regardions jadis avec convoitise. Pitié encore pour cet habitacle terrestre que nous partageons avec eux, et pas plus propriétaires qu'eux. Pitié pour la vie même.

En renonçant à ce sacrifice rituel dans nos assiettes – et c'est notre révolution assise, silencieuse – non seulement nous éviterons la torture infligée à ces êtres sensibles, mais nous soulagerons l'atmosphère déchargée de cette part énorme de CO_2. Et avec l'assentiment du divin pour qui penserait contrevenir à sa loi : « Qu'ai-je à faire de la multitude de vos sacrifices ? dit l'Éternel. Je suis rassasié des holocaustes et de la graisse des veaux. Je ne prends point plaisir au sang des taureaux et des boucs » (Isaie 1,11-12). Cette part empoisonnante dans l'air que nous respirons, il ne tient qu'à nous de la réduire sans aucun effort, en excluant de notre consommation ces êtres de chair que nous avons considérés comme des pommes à cueillir sur l'arbre, comme des fruits tombés mis à notre disposition. Et, ô miracle, ce carême volontaire a un bénéfice immédiat pour nos artères et nos poumons.

La grande responsabilité des affections cardio-vasculaires, et aussi respiratoires, sans parler de l'obésité, est à mettre massivement sur le dos des graisses animales qui gainent les artères de plaques de cholestérol. Évidemment le système médico-pharmaceutique y tient, lui, à nos maladies de consommateurs frénétiques, main dans la main avec les producteurs de viande et les diététiciens. Avalez les statines, faites des analyses et surtout ne changez rien à votre existence, c'est notre manne, notre rente. Nous aussi sommes organisés selon le principe taylorien du partage des tâches : l'un, Monsanto, rend malade ; l'autre, Bayer, soigne. Vite, marions-nous. Mais pour qui n'épouse pas la doctrine du petit trader et de ses dividendes, pleurant comme Sganarelle après ses gages, on ne voit à ces jours maigres dans nos assiettes que des avantages. Pour l'air, pour le sol, pour les animaux martyrs, pour nos artères, notre souffle et notre tour de taille.

Et ô joie, ô monde bien fait, ces jours maigres sont le plus grand cauchemar de Monsanto. Entre soixante-dix et quatre-vingts pour cent des terres arables sont cultivées pour l'alimentation du bétail. Déjà qu'on se montre peu sourcilleux quand il s'agit de produire pour les hommes, avec la nourriture destinée à l'élevage on ne va pas en plus faire des manières : maïs et soja transgéniques, OGM, pesticides et herbicides à outrance, amendements chimiques des sols, c'est un Tchernobyl agricole qu'aucun dôme de béton ne protégera de contaminer la planète. Toute cette chimie dévastatrice passe dans le corps des animaux puis dans le nôtre via la chaîne alimentaire. Renoncer à consommer de la viande et des produits lactés, c'est, par l'arrêt de la chaîne, rendre ces terres à une vocation vivrière de proximité. Nous n'avons besoin pour notre consommation que d'un dixième de cette surface. Le reste retournera à la forêt qui patiemment absorbera nos excès heureusement réduits de CO_2, et s'il en survit encore autorisera les orangs-outans à se balancer de branche en branche. Autrement dit la ruine de Monsanto programmée depuis notre assiette joystick.

Retour au jardin des simples, au potager, au maraîchage, à l'hortillonnage, retour à l'assolement, à ces parcelles, ces « soles » qu'on laisse reposer, souffler, se régénérer, après qu'elles ont bien donné. Exode 23-11 : « Mais la septième année, tu la mettras en jachère et la laisseras reposer, et les pauvres de ton peuple en mangeront les fruits, et les animaux des champs mangeront ce qui restera. »

Retour au paillis qui garde l'humidité, empêche l'évaporation et se décomposant se mêle à l'humus. Retour à cette connaissance empirique, non scientifique de la nature, grâce à quoi on plante des variétés qui s'épaulent entre elles, cultures associées, pois et blé, haricot et maïs, qui s'aident les unes les autres, se protègent mutuellement des insectes, se distribuent de l'azote, se répartissent leurs besoins, avec leurs aversions aussi comme la tomate qui aime le basilic et déteste le fenouil, au point d'aboutir à ce genre de précepte qu'on croirait sorti d'une fatrasie du Moyen Âge ou d'un poème dada : « le poireau préfère les fraises », titre devenu emblématique d'un ouvrage de Hans Wagner sur les meilleures associations de plantes. Nos puissants ne parviendront jamais à s'en convaincre, mais c'est toujours la poésie qui l'emporte. C'est-à-dire l'art du monde.

Ce que nous dit cette forme de culture, c'est qu'on se passe très bien des produits criminels des firmes agro-chimiques. Dans une vidéo consacrée à la douce Adrienne Cazeilles, un agriculteur de ses voisins raconte drôlement sa conversion au bio. Il avait fini par s'étonner que tous les bidons dont il épandait les produits sur ses terres fussent frappés de la tête de mort, sous-titrée de la mention : Attention danger. De quoi s'alarmer en effet. Un peu comme si on arrosait les plantes de son balcon avec un flacon de Destop (pour mémoire, de la soude caustique utilisée dans le débouchage des canalisations). Lui qui se pensait par son travail comme un bienfaiteur nourricier de l'humanité se transformait en semeur de mort. Et il en tira logiquement et courageusement les conclusions. Nous lui rappellerons pour l'applaudir et lui donner mille fois raison que ce même insigne ornait le pavillon des pirates, qu'il n'y a donc rien d'étonnant à ce qu'on le retrouve placardé sur les produits de la firme de Saint Louis, Missouri, et de ses affidés.

Du courage, mais aussi de la ténacité et de la foi. Il en faut à ceux qui franchissent le pas vers une agriculture saine. Ils ont désormais contre eux la FNSEA, animée par un complexe du monde paysan face à la science et au savoir, ce qui la pousse à adouber au nom du progrès dont elle se targue toutes les propositions monstrueuses des industries chimiques et des semenciers, le ministère de l'Agriculture que la puissante fédération agricole a depuis longtemps infiltré, imposant ses vues, et distribuant par ce biais les prébendes et les primes, les représentants des firmes agro-alimentaires, d'autant plus remuants et menaçants à l'idée qu'on se passe de leurs services, les chambres d'agriculture, qui refusent d'aider les petites exploitations pour une raison de rente encore : c'est qu'elles, les chambres, travaillent de concert avec les banques, Crédit agricole en tête, qui poussent à endetter les exploitants selon une formule juteuse : plus importante est l'exploitation, plus grand l'emprunt. Ce qui « fidélise » l'agriculteur enchaîné par son endettement à long terme. Dût-il en mourir en se jetant, créances au cou, dans un puits.

L'expérience de la ferme du Bec-Hellouin, pionnière de la permaculture en France, a montré qu'avec 1 000 mètres carrés plantés de légumes et de fruits destinés à la vente, on vivait très bien, et même assez largement après la troisième année d'exploitation. Sans matériel agricole autre que des outils manuels, sans pesticides et sans amendement chimique qui coûtent les yeux de la tête, sans épuiser les sols et sans s'épuiser. L'INRA, qui surveille amoureusement ses plants d'OGM, s'en est inquiété. L'Institut national de la recherche agronomique a envoyé l'un des siens en Normandie pour juger de l'efficacité du système mis au point par les époux Hervé-Gruyer. Des charlatans certainement qui allaient nous inventer le mouvement perpétuel ou le moteur à eau. Pendant quatre ans il a cherché la petite bête comme un sceptique s'escrimant à percer les tours d'un illusionniste, avant de reconnaître, en avalant avec peine son chapeau, qu'effectivement ça marchait, qu'il n'y avait pas de colombe dans la manche, pas de bouquet de fleurs dans le corsage de l'assistante. Obligé de consentir en déglutissant aux noces du poireau et de la fraise. Autant d'années d'études contrariées par la simple observation de la nature, c'est vexant. D'autant que les agriculteurs du Bec-Hellouin, marin et avocate dans une vie antérieure, n'avaient pas grandi parmi les roses et les choux.

Le système libéral et le système scientifique étaient faits pour s'entendre. Qui fonctionnent selon le principe qu'un malade a besoin d'un médecin. Ce qui implique d'entretenir la maladie, de la couver, de ne pas s'y opposer. La prévention n'est qu'un moyen de la débusquer plus tôt. De s'enrichir plus vite. Pourquoi attendre ? On applaudit à la découverte d'algues dépolluantes, ce qui est une incitation à polluer avec largesse. Quand la logique voudrait qu'on évite de souiller, de contaminer, et qu'on laisse les algues à leur molle flottaison. D'autant que les algues ne sont pas toujours de bonne composition. Voir les algues vertes qui envahissent les plages des côtes bretonnes, gazant par leurs émanations fétides les chiens, les chevaux et les joggeurs qui s'y aventurent, invasion provoquée par l'épandage du lisier dont rien ne retient l'écoulement sur ce sous-sol granitique après l'arasement des haies et des talus. À moins bien sûr de jalonner la Bretagne de stations d'épuration.

Le bon sens près de chez vous, ce n'est pas l'autonomie financière des agriculteurs, le bons sens, c'est l'endettement. La raison bancaire, qui n'a nulle envie que se tarisse cette rente agricole (on envisagerait même dans les hautes sphères épargnées par les mauvaises odeurs de classer le lisier breton au patrimoine mondial de l'Unesco), s'adresse alors à Bouygues et Vinci pour résoudre cette question délicate des effluves et des effets négatifs sur le sol et la côte des déjections de porcs.

Les rois du BTP, qui ont le mérite d'être près de chez nous – c'est même la grande spécialité française –, quand bien même l'argent s'envolera par la suite vers les îles Caïmans – mais pour l'image patriotique, ça peut être un argument au moment des élections –, sortent immédiatement de leurs ordinateurs en 3D l'idée lumineuse de ces gigantesques lessiveuses qui permettraient de continuer l'exploitation intensive des élevages, sans plus se soucier de ses méfaits. Polluez, nous nous occupons de nettoyer. On couvrirait la Bretagne de ces pressings à lisier qu'on pourrait par exemple ensevelir sous des talus de terre, ce qui donnerait l'illusion de tumulus, ce qui se fondrait à merveille dans le paysage et ajouterait une note locale dans le ton des menhirs, dolmens et autres cairns. Au sommet on pourrait planter une statue géante d'Obélix.

À celui-là qui a peut-être gardé une âme d'enfant sous sa couronne de béton, racontons cette histoire d'un fermier du Gers qui avait décidé de passer au bio. Les effets toxiques des traitements chimiques s'évacuant au fil des ans, il a, dit-il – et il souriait en racontant –, vu revenir dans son champ de blé des papillons.

Mieux vaut prévenir que guérir, dit la sagesse populaire. Inventer la machine à dépolluer n'est qu'un encouragement à continuer à polluer. L'objectif serait plutôt de s'empêcher de répandre dans l'air et dans la terre ce qu'on se retient de jeter dans le caniveau. Les ruelles des villes étaient au Moyen Âge construites en accent circonflexe inversé pour que s'écoulent en leur centre les immondices, de là est née l'expression « tenir le haut du pavé ». Aux riches la partie élevée et protégée du passage, aux pauvres le mitan nauséabond où dévalent les égouts. La ruelle est désormais à l'échelle du monde. Déversez vos poubelles, déversez vos immondices, le haut du pavé confiera le traitement des déchets aux ingénieurs, aux bactéries, aux enfants qui dans les pays misérables escaladent des montagnes de détritus à la recherche du repas du jour et d'un sou troué. On achètera aux pays pauvres le droit de polluer qui consiste pour les pays riches à externaliser leurs souillures. La liberté qu'on nous vend à longueur de temps et de propagande consumériste n'est qu'une incitation au laisser-aller sans contrainte et sans culpabilité. Et quand on s'alarme faussement des méfaits, au-dessous de la photographie d'un burger à cinq étages de graisses animales, une phrase en minuscules incite à consommer cinq fruits et légumes par jour.

Dans les années soixante-dix, en même temps que s'éveillaient les consciences devant les problèmes environnementaux, parut une revue mensuelle puis trimestrielle : *Le Sauvage*. À côté d'un long entretien de Rezvani qui avec sa femme Lula avait choisi de quitter Paris pour une petite maison dans les Maures, la mythique Béate (« quand on s'aime il faut partir », disait-il), d'un article sur le mécanisme du bouc émissaire d'un René Girard naissant, dont le catholicisme affirmé avait du mal à s'afficher à côté des ténors de la *French theory*, d'un autre sur la façon de fabriquer soi-même des panneaux solaires, on y découvrait la relation de premières expériences pratiques d'agro-écologie.

On est avec les pionniers qui, dès les années soixante, considèrent que la vie moderne avec ses entassements dans les cités, dans les transports, sa pollution urbaine, sa trinité métro-boulot-dodo, son culte consumériste, son entreprise de décérébration, son temps perdu, n'est peut-être pas aussi enviable qu'elle l'annonce. Le courage pour ceux-là impose de fuir. Ida et Jean Pain arrivent dans les Maures où ils occupent le poste de gardiennage d'un domaine, libre à eux d'en user selon leurs besoins. Un jardin potager et quelques chèvres suffisent. C'est en inventant de remplacer par mesure d'économie la paille de la litière des bêtes par des broussailles broyées que Jean Pain découvre empiriquement sa méthode. Il utilisera bientôt ce même compost de broussailles pour son jardin avec des résultats extraordinaires. Nul besoin d'engrais et de pesticides. Une fois ses dosages au point, et la préférence accordée aux broussailles de sous-bois, il a l'idée de construire des meules de son compost, qui en attendant de servir à ses jardins lui permettent, en y faisant circuler un tuyau, et par la chaleur que dégage sa décomposition, de chauffer sa maison. Et même de produire du gaz de méthane.

Encore quelques années et on accourra d'un peu partout pour admirer les prouesses de son potager, d'autant plus remarquables que le climat brûlant des Maures et sa terre aride n'ont pas l'image d'un jardin d'Éden. Succès tel que, fatigué de ce défilé incessant, il instaurera un jour de visite par mois. À sa mort sa méthode tombera dans l'oubli, nul n'ayant intérêt à la populariser (nul étant les multi-monstres de l'agro-chimie et l'INRA). Le débroussaillage avait en outre cet avantage d'éviter le démarrage des feux de forêt et de les priver de combustible. Ce qui ne fait pas non plus l'affaire du marché des incendies. Au plus haut niveau il n'y a que l'armée pour déployer de tels moyens.

Il faut toujours compter sur l'Amérique. En même temps qu'avec l'aide de l'Angleterre elle déployait le grand filet du libre-échangisme dans lequel allait se prendre la foule des misérables qu'on envoya peupler les zones suburbaines concentrationnaires, gigantesque réservoir de main-d'œuvre bon marché pour l'industrie, elle vantait avec Thoreau et ses descendants les vertus d'une économie autonome et soucieuse de son environnement. C'est dans cette prestigieuse lignée que s'inscrivent les jeunes Américains qui assez récemment redécouvrirent le travail pionnier de Jean Pain. Pour tous les avantages qu'il procure (préservation des sols, de l'air, des forêts, alimentation saine, durable, reproductible) on s'étonne de ne pas voir le paysage semé de ces dômes de broussailles broyées comme autrefois des meules dans un tableau de Monet. On ne s'étonne pas, aussi longtemps que Monsanto n'aura pas trouvé le moyen d'en tirer de formidables profits. Jusque-là on joue l'omerta, et si par un entrefilet on venait à se poser des questions sur la faisabilité de la méthode, on dénigre, on rigole, on hausse les épaules, et on pointe la menace.

La menace ? Eh bien oui, pour ce qui est de la France, le spectre rôde du Maréchal aussitôt que pointe une botte de radis. La menace vichyste, le retour de la Révolution nationale qui voulait envoyer tous les jeunes se nettoyer le cerveau à la campagne, se perfuser aux vraies valeurs terriennes. Le repoussoir absolu de toute propagande politique au nom du progrès depuis quatre-vingts ans. D'autant que l'exode rural indiquait clairement le sens de l'histoire, de la marche en avant et du doigt pointé vers les aurores radieuses (même si cet exode fut provoqué par un besoin de bras dans l'industrie et que pour les paysans russes et ukrainiens qui s'y refusèrent on procéda à un des plus grands actes génocidaires du XXe siècle). Parcourir le chemin inverse, c'était évidemment épouser les causes les plus réactionnaires, bafouer le règne de la raison, préférer l'obscurantisme aux Lumières. Comment pouvait-on avoir envie d'un retour à la chandelle et à l'écuelle en bois ?

Pour mémoire le fascisme et le nazisme ont des berceaux citadins, et en se référant encore à la période noire de la collaboration, c'est à la campagne que se formèrent les maquis de la Résistance et que les Juifs traqués par les Allemands et la police de Vichy trouvèrent à se réfugier avec la bienveillance des habitants.

Autant dire que l'agro-écologie, qui est pourtant l'unique alternative à la dérive du Progrès conduisant à l'épuisement des ressources et à l'infestation des sols et de l'air, est suspecte de toutes les tares liées à la réaction et à la poésie : un poireau ne peut pas préférer les fraises. Un poireau, c'est Monsanto qu'il aime. Avec autour de lui, que des hectares de poireaux parfaitement identiques poussant sur un sol déserté par les lombrics et la micro-faune anaérobique. Des poireaux de science-fiction qui ne trouveront bientôt plus nécessaire de se ressembler. Des poireaux-cubes feront aussi bien l'affaire. Ou des poireaux-nuggets.

Sur l'épuisement des terres, il faut écouter Claude Bourguignon dont la formation universitaire en microbiologie a été depuis avantageusement supprimée de manière à ne pas produire des contestataires du système agro-industriel. Lequel se déchaîne contre lui, via ses experts appointés, le traitant d'amateur quand il y a vingt ans ils se côtoyaient à parité au sein de l'INRA avant que lui et sa femme Lydia ne quittent l'Institut qui leur reprochait de s'intéresser à la biodynamie. Considérée par les scientifiques au doigt dressé comme relevant de la charlatanerie, étudier ses méthodes entachait scandaleusement la réputation de l'INRA. La biodynamie se calant sur les mouvements de la lune, les sages au doigt dressé qui depuis le temps ont sans doute fini par remarquer qu'elle se déplaçait dans le ciel nocturne, qu'elle apparaissait et disparaissait, auraient pu en tirer des conclusions salutaires pour le sol sous leurs pieds éclairé par ses rayons. Mais ils vivent en lévitation et ce n'est pas ce qu'on attend d'eux. Ce qui nous ramène toujours à la même conclusion : les experts sont de simples poteaux indicateurs du pouvoir.

Qu'on obtienne par cette méthode biodynamique des résultats bénéfiques pour les sols et la production, on ne va tout de même pas accorder du crédit à des passes chamaniques et des bouillons de sorcière. Autant aller à Lourdes et s'en remettre à l'apparition d'une gamine. C'est vrai, mais parfois ça marche. Et dans le cas de la biodynamie le miracle est à répétition. Les gens de Roederer n'ont pas vocation à perdre de l'argent, et pourtant toutes les parcelles de leurs vins de Champagne sont en passe d'être traitées par la biodynamie. Il faut croire qu'à leurs yeux le résultat est satisfaisant. Comme est satisfaisant pour l'esprit et la morale le sentiment de respecter les sols, de ne pas les bousculer, de composer amoureusement avec eux. Et comme ils le rendent bien.

Si l'on admet peu à peu, par la force des images extirpées des abattoirs et des entrepôts concentrationnaires, la maltraitance exercée sur les animaux d'élevage, si l'on considère que le monde forme un tout, ce que la religion énonce autrement en proclamant que Dieu est dans sa création, ce qui sous-entend la même chose mais ajoute une dimension respectueuse et craintive – on prend des gants avec Dieu –, si l'on considère dans son ensemble ce grand organisme vivant qu'est la Terre, alors il n'y a aucune raison de ne pas respecter pareillement le sol qui nous nourrit, de ne pas avoir à son égard les mêmes préventions que pour le monde animal. Arroser un champ de glyphosate revient à verser de l'eau de Javel dans l'écuelle de lait du chat. Un tueur de chats est passible de poursuites judiciaires. Un tueur de sols a le soutien de tout le collège scientifique.

Aussitôt que nous quittons le doigt pointant la lune des experts statufiés par le givre de la bêtise pour baisser enfin la tête, ce qui nous repose la nuque, nous sommes à même de constater que pendant qu'on avait les yeux levés, il s'en passait de belles sous nos pieds. Mettre à profit, dit l'expression. Et qui dit profit. De fait, on ne s'est pas gêné.

Le massacre des sols scientifiquement organisé justifierait une inculpation pour crime contre l'humanité. Pour s'en convaincre on est obligé d'en appeler à notre mémoire, à une promenade en forêt, à la traversée d'un champ paisible. Une terre vivante, on marche dessus comme sur un tapis moelleux. Dessous, ça bouge, ça s'agite, ça bosse, ça transforme en humus. C'est l'usine de *Charlie et la chocolaterie* confiée aux insectes et aux bactéries qui œuvrent bénévolement. C'est grouillant, c'est fécond. Une terre morte, on marche dessus comme sur le carrelage de la salle de bain. Et cette terre carrelée dont il est impossible d'effriter une motte dans la main, est celle qu'on offre à la culture du blé, de l'orge, du maïs. Un simulacre de terre gavée de produits de substitution pour un simulacre de céréale dont la variété transgénique n'a plus grand-chose à voir avec la plante mère.

Explications de Claude Bourguignon : en multipliant à sa tête les épis on a affaibli la tige qu'on a dû raccourcir pour ne pas qu'elle penche. En créant ces outres à lait qu'on appelle des holsteins, on a eu le même problème. Le pis trop volumineux traînait à terre. Qu'à cela ne tienne, un petit coup de bistouri génétique, hop on rallonge les pattes et le tour est joué. Ah oui, penser à surélever le toit des bétaillères. Et puis non, on n'aura qu'à leur tordre le cou. Mais cette hauteur des tiges de jadis, plus d'un mètre trente, on comprend qu'on pouvait se cacher dans un champ de blé. Aujourd'hui les soldats en sont à couvrir leur casque de persil et de ciboulette pour attaquer en rampant les potagers et surprendre la cuisinière la main dans son sac de simples. Mais simples, pour les militaires, ça va bien aussi.

Après avoir introduit un gène de nanisme dans soixante-dix pour cent des variétés inscrites au catalogue officiel, les semenciers en sont aujourd'hui à travailler au rallongement des tiges. Pas de dogme dans les centres névralgiques du Capital, on s'adapte. Il y en a là-dedans, dans le tiroir-caisse qui leur sert de cerveau. Une longue tige fournit une paille plus abondante, et la paille, par les temps catastrophiques qui s'annoncent, est une ressource énergétique à ne pas négliger. Imaginons, soufflent-ils aux chercheurs, une tige de trois mètres, au diamètre plus important. Un peu comme un arbre ? Voilà, un arbre à blé. Du côté de l'INRA on se réjouit. Non, pas pour les arbres. Mais de ce statut de serf au service des grands groupes. Dans la même veine d'une reconversion possible, on suggère à l'entreprise Godin de réfléchir à des poêles à bois comestibles.

Chez Marx il n'existe que deux classes, la bourgeoisie révolutionnaire et le prolétariat également révolutionnaire mais pour une autre raison. Et entre elles, ça lutte. Pour ce qui est des paysans, incapables de s'organiser, de former une classe pensante, Marx accorde à la bourgeoisie le mérite de les avoir poussés vers les villes, de les avoir arrachés à l'arriération mentale, à la nuit de l'esprit. Seule la ville, porteuse du Progrès, est révolutionnaire. Le vieux Mitterrand dans une ultime interview s'en souviendra. Comme on lui demandait quelle était sa définition du socialisme, après un long temps de macération (donner du temps etc.), bien conscient qu'il devait rendre une copie définitive sur la question, entre deux battements de paupières il laissa tomber du bout des lèvres : le socialisme, c'est la ville. Comprenons en sous-texte, la campagne, c'est l'arriération. D'un plouc à l'esprit enténébré on n'attendra jamais des lumières. Merci le sphinx.

« L'exploitation de la parcelle ne permet aucune division du travail, aucune utilisation des méthodes scientifiques, par conséquent, aucune diversité de développement, aucune variété de talents, aucune richesse de rapports sociaux », écrit Marx dans son *18 Brumaire*. Dans le même mouvement, ce qu'il reproche à la paysannerie – aucune division du travail, aucune utilisation scientifique etc. – donne raison au Capital qui en use ainsi avec les ouvriers, ce qui s'appelle l'exploitation, mais on a tous ses petites contradictions. De là il conclut que « la grande masse de la nation française [la paysannerie] est constituée par une simple addition de grandeurs de même nom, à peu près de la même façon qu'un sac rempli de pommes de terre forme un sac de pommes de terre ». C'est limite insultant pour ceux qui nourrissent la Ville-Lumière, la Ville-Progrès, la Ville-Révolution. Le futur des paysans selon Marx ? Frites dans les hauts fourneaux.

Mais c'est un classique. Toute société fonctionne sur l'exploitation d'une classe inférieure corvéable à merci, une classe d'intouchables, qu'elle ne prend pas en compte dans son organigramme et méprise souverainement : les Indiens dans les mines du Pérou pour l'or d'Espagne, les Noirs pour la toilette de Scarlett O'Hara, et les ouvriers pour les robinets d'or des salles de bain de Rockefeller. Classe ressort, classe matelas, trop abrutie par la misère et le travail pour prendre conscience de sa condition et se rebeller autrement que par un mouvement d'humeur sévèrement réprimé. « Vengeance, vengeance », notait dans son journal George Sand, la bonne dame de Nohant qui, craignant pour ses meubles parisiens, encourageait à la répression des « communeux » quand ceux-là, après le désastre de Sedan et confrontés à la lâcheté capitularde de la bourgeoisie, avaient décidé dignement de prendre leur destin en main.

Ce mépris pour les gens de la campagne vient de loin. Peut-être pour ces mains terreuses, épaisses, aux doigts définitivement repliés sur le manche de la bêche. La distinction d'avec les blanches mains s'effectue au premier coup d'œil. C'est une forme de racisme, de délit de mains comme on le dit de faciès. Les gens d'argent, qui ont tous des oursins dans les poches, fustigeant l'avarice des paysans, le prudent employé au ministère de la Marine Maupassant enfoncera le clou, qui écrit pour ses semblables et les confortera dans leurs préjugés en s'appliquant à dépeindre la radinerie supposée des ruraux. Ces « pommes de terre » sont des rats.

Personne pour rappeler qu'il n'est qu'un salaire par an aux gens de la terre, lequel n'est assuré en rien, la vente annuelle des récoltes dépendant du soleil, de la pluie, de la grêle, de la gelée, de la sécheresse, des parasites, de la maladie, des guerres qui prennent les hommes et pillent les campagnes, de la spéculation, des cours du marché. Pendant onze mois on craint, on prie, on invoque, de quoi se montrer économe en effet, prudent, comptable, quand on voit les réserves s'amenuiser et la bourse s'aplatir, alors bien sûr on ne jette rien. Les lendemains ne sont jamais assurés. On ne va pas jouer les cigales. On aura compris que le paysan historiquement est l'antithèse du modèle consumériste. Il est l'anti-moderne par excellence. Un cauchemar qu'il convient, par un mouvement inverse des entreprises de rééducation chinoises, d'envoyer à la ville pour qu'il se « modernise », s'éclaire la cervelle, se rende sensible aux vitrines garnies, aux bonnes choses de la vie. Même si de la ville il ne connaîtra que les taudis des banlieues.

Des paysans à l'ancienne, il n'y en a plus mais l'image affligeante demeure. L'accent déjà moqué dans les fabliaux et par Molière, l'avarice présumée, le manque de « savoir-vivre », de goût (on s'est moqué de ces gens qui, abusés par les antiquaires, cédaient leurs armoires et leurs maies contre des tables en formica – mais c'était la couleur qu'ils accueillaient dans leurs intérieurs sombres, enfumés), la Révolution nationale de Pétain, les fromages de chèvre des babas-cool chaussés de sabots sur les marchés des Cévennes, le tableau qu'on nous présente des campagnes sert encore de repoussoir utile à toute évocation d'un changement de mode de vie opposé au consumérisme industriel. Il faut une grande force d'esprit pour passer outre à ces condamnations esthétiques et morales. Avancer que l'agro-écologie est la seule voie pour le salut du monde se heurte immanquablement à cet arsenal moqueur et accusateur qui la condamne idéologiquement, sociétalement, au nom d'un progrès en baskets et oreillettes, autant dire d'un progrès sourd à la souffrance des misérables (lesquels fabriquent ce qui nous rend stupides). Comme si le Progrès ne nous avait pas déjà conduits dans le mur. Comme si devant le mur nous n'avions d'autre choix que de faire demi-tour. Mais la propagande marche à plein régime. Défonçons le mur. Tout retour est une régression, une manifestation d'arriération mentale, et porte le soupçon infamant du pétainisme. Et pourtant le pays est vide. Et pourtant quatre-vingts pour cent des Franciliens n'ont qu'une idée, s'en aller de là où ils vivent.

Si Mitterrand vantait la Ville-Lumière, il posait en bottes à côté de ses ânes ou sur fond d'un village du Morvan. Il savait que le temps, la maîtrise d'un temps qui prend son temps, était l'apanage de la campagne et non de la ville où tout est sans cesse bousculé. La ville court, la ville regarde sa montre, avale en marchant un sandwich, regarde des deux côtés avant de traverser précipitamment, la ville dont le clignotement exacerbé des néons bat la mesure de l'hystérie.

Qu'il n'y ait qu'un seul mot pour dire le temps qu'il fait et le temps qui passe dit bien à quel point nous avons intégré que les deux allaient de pair. Que l'un n'allait pas sans l'autre. Ce qui nourrit peut-être cette nostalgie d'une existence provinciale et rurale. Et peut-être que l'invention du libéralisme par les Anglo-Saxons ne tient qu'à cet emploi des deux termes, *time* et *weather*, qui dissocie le temps qui passe de la contrainte du temps qu'il fait. Qui le libère, l'exonère du monde tel qu'il est, rendu à une simple virtualité, à une variable d'ajustement des marchés. Qui fait qu'on n'attendra pas la fin de l'averse et qu'on se précipitera entre les flaques le bras tendu pour arrêter un bus ou un taxi. Si le temps qui court c'est de l'argent, alors le temps qu'il fait est un exercice de patience. Et partant de pauvreté.

Pour nier le temps qu'il fait on a inventé de régler nos vies à température constante, été comme hiver, radiateur et climatiseur, de les alimenter pareillement de janvier à décembre en annexant les terres chaudes d'Afrique et d'Amérique latine pour pallier nos mois stériles. Face à cette uniformité qui nous renvoie sans arrêt au même, nous n'avons plus aucune raison de nous poser, de nous arrêter pour regarder tomber la pluie ou attendre le mois de juin quand les enfants ornaient leurs oreilles d'un duo de cerises. Ce qui unissait le temps qui passe et le temps qu'il fait, c'était l'entretien des jardins, les récoltes successives de légumes et de simples, les labours, les semailles, la moisson, la fenaison. Ce qui nous en reste, c'est la cuisine pour peu qu'elle prenne le temps de s'accommoder aux produits de saison.

Les premiers restaurateurs à s'imposer cette règle de produits de saison ont fait acte de résistance à la modernité. Un acte véritablement « réactionnaire », en opposition à un mode de consommation niant que légumes et fruits sont des marqueurs de temps et qu'ils ne poussent à la commande qu'au prix de tortueuses manipulations qui les rendent hors sol, hors circuit, hors saisons, sans caractère (le maroilles se fabrique toujours mais sans le lait de la vache maroilles dont l'espèce a disparu), sans goût, sinon celui des additifs et des exhausseurs dont la seule présence et la barbarie des noms incitent à la défiance. Et parfaitement dépendants de ceux qui les manipulent, de ceux qui les transportent, de ceux qui les distribuent. Grâce à quoi les fraises de Plougastel peuvent se passer de la terre du Finistère et pousser n'importe où. L'impérialisme breton, sans doute.

Si les restaurateurs se sont émus parmi les premiers de cette entorse à la nature, c'est qu'ils étaient en première ligne pour juger de ce hiatus entre l'usage d'un produit et le moment de sa récolte. Ce qui s'évalue à ce qu'on appelle ordinairement la fraîcheur. Et rien de plus corruptible, de plus fugace que la fraîcheur. La fraîcheur est un marqueur de temps d'une grande précision : avant c'est vert, après c'est blet, encore après, c'est pourri. La cuisine s'est posé très tôt la question des deux temps. Du temps qu'il fait et qui prépare la venue des cultures, et du temps qui passe et inexorablement les décompose. Au plus loin, et sans doute même avant la maîtrise du feu, ce fut la grande question : comment conserver ce qui est éphémère, comment faire durer ce qui passe. Et comme tout est lié dans une conception totalitaire du monde, où l'on se pose dans les mêmes termes la question de la vie et de la mort, on a cuisiné les corps dans l'Égypte ancienne pour les préserver de la putréfaction, viscères bouillis, momies embaumées, traitées aux aromates comme une dorade farcie, dans l'espérance qu'embarquées dans cette traversée des ténèbres elles échappent à la décomposition des chairs et renaissent intactes à la lumière du dieu-soleil. Ce qui, cette cuisine des âmes, traduit existentiellement que d'une bonne préparation, d'une bonne « cuisson » dépend la survie. La cuisine est une mesure fiable de la métaphysique.

Un corps bien préparé, bien cuisiné est-il meilleur ? On plaçait des victuailles à côté du défunt. Officiellement pour lui servir de pique-nique pendant sa périlleuse traversée. C'était peut-être un leurre pour détourner les dieux voraces, les empêcher de se jeter sur le corps délicieusement embaumé mais tellement emballé dans ses bandelettes que de guerre lasse on abandonnait ce dépiautage et on se contentait des zakouskis déposés dans la tombe.

La cuisine, c'est l'invention du monde. Elle a résolu l'impossible. Elle a trouvé le moyen de consommer toute l'année la viande du gibier abattu à son passage saisonnier en la fumant, la chair du poisson en la séchant (pour la viande le séchage est beaucoup plus difficile à obtenir et à l'époque des âges glaciaires, au paléolithique supérieur, c'est surtout le poisson, en abondance dans les rivières, qui se prêtait à ce mode de conservation, les Indiens du Nord-Ouest préparaient un mélange très compact de cette chair séchée avec des baies et de la graisse animale que l'on pouvait garder plus de deux ans). Pour conserver le lait qui rancit elle a inventé le beurre et les yaourts, pour les fruits qui inéluctablement pourrissent, de les cuire avec du sucre, de les confire. La saumure (mais le sel était une denrée rare) gardait des morceaux entiers de viande et de poisson, et le vinaigre les condiments.

C'est par cette science de la conservation que le monde échappe au déterminisme que lui impose la nature. Après quoi place aux agencements culinaires, place au goût, place aux plaisirs de la table. Il y a les agapes grecques, et ces repas alanguis sur des banquettes, il y a la profusion des produits de la terre sur les murs des tombes d'Égypte ou des nécropoles étrusques, mais toute notre civilisation occidentale repose sur le plus célèbre des dîners organisé un jeudi soir à Jérusalem, cet épisode dit de la « Cène » où se donne à partager ce qu'il y a de plus simple et de plus sophistiqué : le pain et le vin. Ni l'un ni l'autre ne sont spontanément offerts par la nature. Ils sont le fruit du travail des hommes, comme le rappelle la messe, d'une savante élaboration, d'un savoir-faire transmis. Partager le pain revient à distribuer hors le temps des moissons des épis d'or qui ont la barbe du soleil symbole de vie, partager le vin, saison des vendanges passées, des grappes de raisin telles qu'on en cueillait dans le jardin voluptueux de l'Éden. Le pain et le vin sont des recettes d'éternité.

Les partager n'avait rien d'innovant pour les douze garçons invités par leur camarade émérite à les consommer. C'est du rituel juif de base, pas de quoi en faire une histoire. Mais si, justement. Ce soir-là s'invente un autre mode de conservation, inédit, la conservation du temps. Que restera-t-il de cet épisode une fois les aliments avalés, digérés ? Comment sauvegarder le temps ? Dans quelle saumure plonger cette minute capitale pour qu'elle demeure à jamais ? Et la solution tombe de la bouche de celui qui se présente comme le Fils de l'Homme : Vous ferez ceci – manger ce pain et boire ce vin – en mémoire de moi. La conservation de ce moment est confiée à la saumure du souvenir. Le corps passé tout entier dans ce rappel du pain et du vin au moment de l'eucharistie a ainsi traversé vingt siècles sans en être altéré, sans vase canope, sans bandelettes, sans momification. La « présence réelle » est dans ce prodige qui n'a rien de symbolique. C'est bien le corps tout entier, chair et sang, qu'héberge l'hostie. La mémoire est l'ultime élément de cette longue chaîne de la préservation.

Conséquemment il s'agit donc pour les grands groupes, qui n'ont pas « intérêt » à cette pratique autonome, de procéder à une amnésie des savoir-faire, une interruption du tour de main, un oubli des recettes, que soit gommée cette relation du produit frais, vivant, au produit transformé métamorphosé en tableau dans l'assiette des restaurateurs étoilés, ou en carré pané à la substance blanchâtre pour les bourses plus modestes, jusqu'à ne plus être en mesure de créer un lien entre cette production artistique et cubiste et un poisson libre de l'océan.

Ce qui rejoint la passion soudaine des puissants pour l'art contemporain si peu soucieux de son rapport au monde et ne renvoyant qu'à lui-même, qu'à sa propre valeur marchande. Outre les avantages du blanchiment et de la défiscalisation, c'est une autre façon de sanctifier cette coupure entre le réel et le temps. D'où, dans le même mouvement, l'apologie de l'éphémère, quand bien même Christie's et Sotheby's s'arrangent pour conserver une trace durable de cet art jetable à des fins de spéculation – en quoi Banksy, en dépit de ses stratagèmes médiatiques, se montre parfaitement en phase avec le marché. Entre une œuvre d'art contemporain et un carré de poisson pané, hormis le prix, il s'agit de la même chose, d'un même dispositif destiné à s'affranchir des contingences du réel, d'un même objectif : l'effacement de la mémoire, du savoir-faire et de la nature première. Le geste radical du créateur qui rompt avec ce qui l'a précédé se montre simplement complice des marchés et de ses plats surgelés. Il est normal que les puissants s'y intéressent.

Dans certaines stations de métro, de grands panneaux quatre par cinq pour une publicité de livraison à domicile mettaient en scène à la façon d'un diptyque, à gauche un homme dans une salle de sport s'activant « quarante-cinq minutes » sur une machine à monter des escaliers virtuels et à droite le même, après avoir pris l'ascenseur sans doute, recevant chez lui d'un livreur son plat préparé, cette partie ainsi légendée : « cuisine, zéro minute ». Autrement dit mieux vaut se livrer à une activité stupide et parfaitement vaine (comment bouger en restant sur place) que de se préoccuper de cet acte essentiel par lequel nous demeurons en vie. Une société, voire une civilisation à ce point coupée du réel, témoigne de sa propre désintégration mentale. Le repas à domicile rejoint la manne tombée du ciel, et la publicité devient son ex-voto. Niés la fatigue du livreur, les petites mains payées au lance-pierre pour la préparation du plat, les procédés scandaleux entrant dans sa fabrication, les produits venus on ne sait d'où et pillant sans vergogne des terres que l'on prive de leurs propres ressources vivrières, niées les souffrances de l'animal métamorphosé en petits dés ou en farce, le tout englouti par le sourire béat du consommateur, sourire béat qui est le point sublime de cette société de gavage. Au lieu qu'un « gourmet » contemporain devrait être en mesure de distinguer tous les additifs chimiques sans lire la composition. Ce qui semble plus facile que d'identifier cette chose verte passant pour un lambeau d'épinard.

On comprend que la stratégie des groupes alimentaires consiste à dénoncer la cuisine comme un empêchement à vivre, quand vivre sa vraie vie consisterait à ramer dans le vide et courir sur place. On ne peut mieux dire la vacuité du projet. « La cuisine est chronophage », résumait la phrase d'ouverture d'un article de magazine sur le sujet. Autrement dit, la cuisine nous mange notre temps, déjà que nous en manquons, et comme nous ferions ci ou ça si nous en avions. Mais le coupable est enfin démasqué : la cuisine qui nous bouffe, nous dévore, qui par une inversion diabolique se nourrit de nous. Quand – tous ceux qui courent après le temps le savent – c'est bien le temps qui nous mange.

Cronos dévorant ses enfants avant de les régurgiter à l'aide d'un émétique (notre émétique, c'est le glyphosate).

La perte de temps est dénoncée comme un crime aux yeux de la modernité qui n'a de cesse d'améliorer les gains de productivité, d'intensifier les cadences, de travailler à « flux tendu » en tirant jusqu'à la rupture sur les corps humains dont on ne finit pas de tester l'élasticité. Le *burn-out* au travail est au psychisme ce que la crise cardiaque est à cette invitation permanente à se surpasser dans la performance sportive (le dépassement de soi, c'est-à-dire l'explosion de ses limites, enregistre sur ce plan d'un lâcher du cœur un bilan non négligeable sur les terrains et les parcours d'endurance). À côté de quoi la cuisine est à l'image de cette vieille recette de jadis quand on ne jetait aucun morceau de pain qu'on laissait tremper dans du lait vanillé avant de le frire à la poêle : du temps perdu.

Que la cuisine soit liée au temps et à la mémoire, on aura eu droit au début du XXe siècle à une piqûre de rappel par une madeleine trempée dans une tasse de thé qui, à peine fond-elle dans la bouche du narrateur, le propulse enfant dans la maison de sa tante Léonie. Ce qui pourrait rappeler le jeudi saint. Mais il s'agit ici d'une cène dévoyée qui annonce le sacre de l'individualisme : cette fois le procédé est à usage unique. Pas de nouvelle alliance, pas de salut universel. Cette madeleine trempée dans le thé, c'est tout pour ma pomme. L'enfermement mental à quoi font écho les murs de la cellule tapissés de liège pour ne rien entendre de l'extérieur. La madeleine ici ne renvoie plus à un savoir-faire ancestral, fondateur. Il n'est nullement précisé qu'elle a été confectionnée par une « douce et tendre grand-mère ». On peut même penser, à une remarque du texte, qu'on s'en procurait à la pâtisserie voisine. « La vue de la petite madeleine ne m'avait rien rappelé avant que je n'y eusse goûté. Peut-être parce que, en ayant souvent aperçu depuis, sans en manger, sur les tablettes des pâtissiers. » Mais l'idée de cette transportation gustative à usage unique, la publicité l'aura bien retenue. Une cuillerée de n'importe quelle crème chocolatée, de n'importe quel yaourt fruité, et nous voilà catapultés en jupette ou culottes courtes dans la cour de récréation à l'heure du goûter. Quand on ne voit plus rien devant soi, on invite à se retourner.

L'infantilisation de nos sociétés, cette régression organisée, mise en scène, commence avec la madeleine proustienne pour laquelle on n'a pas à féliciter le cuisinier en écarquillant les yeux d'un air satisfait. La question de sa recette ne se pose déjà plus pour le narrateur. On ne la goûte pas pour ce qu'elle est, mais pour ce qu'elle offre, cette remontée dans le temps qui empêche de profiter du moment présent, de le « goûter », de l'apprécier ou le dénoncer. L'expérience de la madeleine est une « déportation » qui consiste à vider les lieux de sa présence, à retirer toute pensée critique à l'instant.

Quiconque a été sollicité par un enfant désireux d'apporter son aide ou de s'exercer à une tâche l'a constaté : l'enfant a deux mains gauches et n'est pas patient. Souhaite-t-il peindre ou écosser, à peine le temps de lui expliquer, puis de s'énerver qu'il fasse n'importe quoi, il a déjà la tête ailleurs. L'enfant est la bénédiction des marchés. Infantiliser, c'est priver de tout intérêt pour le savoir-faire. L'état d'ignorance généralisée par l'infantilisation des esprits est entretenu délibérément par les marchés. L'infantilisation du monde implique de s'en remettre à Nestlé pour la becquée planétaire. Et si vous tenez à votre minute philosophique, regardez le doigt ou la lune, et débattez entre vous sur celui qui vous semble le plus idiot. Puis votez en appuyant sur telle touche.

Pour ceux dont la pensée critique s'inquiéterait d'avoir uniquement à ouvrir la bouche (une cuillerée pour papa, une cuillerée pour maman), qui flaireraient l'entreprise de déculturation organisée d'un savoir essentiel, on a mis au point un art du faire semblant, le *do it yourself*, qui consiste par exemple à verser de l'eau bouillante sur de la poudre déshydratée : patientez deux minutes, soulevez le couvercle et voici un délicieux hachis parmentier, du moins voici ce que l'étiquette annonce comme un délicieux hachis parmentier. Après quoi on est invité à se coiffer de la toque du chef. Ce qui est une déclinaison adulte des boîtes de jeux d'enfants sur le couvercle desquelles une tête à claques de sept ans se prend pour un petit chimiste. Un autre simulacre de cette réappropriation d'un savoir technique invite à monter soi-même des meubles en kit avec guide de montage en sumérien ancien. Ce qui revient en réalité à reporter sur l'acheteur ce qui aurait coûté à l'entreprise en salaires et en charges. L'acheteur paie pour travailler gratuitement. Mais une fois le meuble agencé (bien qu'il reste toujours une vis et un tasseau n'ayant pas trouvé où se placer) nous voilà Compagnon du tour de France. Bravo, toi aussi tu es un bricoleur-né. Ce qui constitue l'ultime processus d'infantilisation où l'on fait croire à l'enfant qu'il a tout d'un grand (après quoi, une fois qu'il a le dos tourné, on jette l'œuvre barbouillée du petit maître et on reprend tout à zéro).

Si construire sa maison demande quelques qualifications (mais autrefois la plupart des ouvriers avaient dans les mains de quoi l'élever des fondations jusqu'à la crête faîtière), la cuisine est cette activité de pure création, à demeure et à portée de tous, inventive, mais qui exige, outre du temps et un apprentissage, des produits à transformer. C'est un réel danger pour les grands groupes, cette autonomie d'une cuisine qui ne leur devrait rien. Mais danger qu'ils ont déjà eu l'occasion de traiter. Il n'y a pas si longtemps, l'exercice du tricot était une source d'économies pour les plus modestes. Un chandail tricoté main, pelotes de laine achetées, temps de réalisation pris sur son temps et compté pour rien, revenait moins cher que les modèles en boutique. Ce qui impliquait un savoir-faire transmis de mère en fille. L'idée de composer un objet en trois dimensions à partir d'un seul fil unidimensionnel en continu est sans doute la plus géniale invention qui soit. Le feu, c'est la foudre qui l'a inspiré. Le tricot, il n'y a rien qui y ressemble, et pas le tissage qui est copié sur les fascines.

Les industriels sont des tricheurs professionnels à la table du grand jeu mondial. Il leur a suffi d'intervenir sur les instances internationales, après les avoir créées à dessein, pour édicter les règles d'un commerce sans frontières qui se rit des normes sociales et s'offre au moins coûtant. Grâce à quoi il est plus économique d'acheter un chandail *made in* « pays émergent », que dans une mercerie de quartier les pelotes nécessaires à sa confection. On a trouvé en Chine, au Bangladesh, au Vietnam, meilleur « marché » que la main-d'œuvre pourtant gratuite des grand-mères croisant mécaniquement les aiguilles tout en profitant de la conversation par-dessus les verres de leurs lunettes et dont, par mesure de sûreté, on demandera aux professionnels du ricanement de moquer les modèles réalisés, forcément ploucs, ringards, laids. Et voici un championnat du monde des chandails les plus horribles. Ou comment ricaner de la « douce et tendre grand-mère » qui invite à « ne pas tuer tout ce qui dérange ».

C'est une vue de l'esprit de prétendre qu'abaisser le coût du travail serait la clé de la résolution du chômage. Le concept de mondialisation agissant sur la tête des salariés comme une menace d'un alignement sur le Smic chinois. Ce qui est idiot car dès lors qu'il n'y aurait plus personne pour s'offrir les produits fabriqués à vil prix le système s'écroulerait. Et quand bien même travaillerions-nous pour rien à des cadences infernales, pour les puissances économiques et financières nous reviendrions encore trop cher. Comment alors tirer plus de ces gens avec encore moins ? La solution préconisée serait sans doute d'imposer l'application d'anneaux gastriques aux estomacs revendicatifs des travailleurs bénévoles sous couvert de lutter contre l'obésité. Car il apparaît que les plus démunis, les squatteurs du bas de l'échelle sociale, sont les plus voraces, les plus sensibles à la prise de poids.

Conséquence malheureuse d'un mode de consommation effréné, cette obésité mondialisée a été créée de toutes pièces par l'industrie agro-alimentaire qui organise même, là aussi, des championnats du plus gros mangeur de hamburgers ou de choucroute, ou de sushis. Il en faut pour tous les goûts. Elle est le but recherché et touche les milieux les plus acculturés qui n'ont pas de réponses traditionnelles à opposer à ce gavage d'estomac. Privés de bisons par la construction de la ligne de chemin de fer et l'abattage massif des troupeaux, il resta aux Indiens des plaines, dont l'organisation et la vie tournaient autour de l'animal sacré, à devenir alcooliques. Alcooliques ou obèses. Ainsi les populations issues de l'immigration ayant abandonné sur les routes de l'exil les samovars et les galettes de la mémoire. De même que les cigarettiers ont réfléchi depuis longtemps aux substances à ajouter au tabac afin de s'en rendre encore plus dépendant, des chercheurs ont travaillé aux mécanismes d'addiction qui garantissent la boulimie. La satiété insatiable est la plus formidable des rentes, et Nestlé son gourou. Depuis 1999 les Américains, qui n'étaient déjà pas minces, ont grossi en moyenne de quatre kilos en quinze ans. Les Américains ont simplement trente ans d'avance sur le reste du monde.

Échapper à ces camisoles chimiques invisibles est non seulement une mesure bénéfique pour la santé mais un acte de résistance aux multi-monstres des marchés mondialisés. Ce qui passe par un mode de production artisanal, biologique, local, contrôlable par les voisins, précautionneux avec les sols, les animaux et les plantes, tenant compte des terroirs et des saisons. Si les animateurs de fin de banquet ricanent, les puissants ne prennent pas ce genre de réaction à la légère. Ils savent bien que le danger pour eux c'est qu'on se passe de leurs services et que ces mouvements à contre-courant fassent tache d'huile. C'est bien pour cette raison que Monsanto envoie ses avocats au petit producteur de semences anciennes de l'Ariège. Pas question que se développe ce genre de pratique, autonome, contournant allégrement la puissance totalitaire de la firme de Saint Louis. D'où, obéissant au doigt et à l'œil du monstre, ces articles fielleux dénonçant la prétendue qualité supérieure des produits biologiques, le végétalisme boboïsant – histoire de monter les campagnes contre Paris, ce qui marche toujours tant le complexe provincial est grand – et la mise en avant récente d'une vitamine introuvable ailleurs que dans la viande animale : la B12, sortie opportunément du chapeau pointu des nutritionnistes. Ce qui signifie surtout qu'ils n'ont plus beaucoup d'arguments à opposer au mouvement végétalien qui s'étend.

Élisée Reclus est enterré à Ixelles, une commune de Bruxelles. Il partage un caveau avec son frère Élie et la femme de celui-ci. Il mériterait d'occuper un étage entier au Panthéon. D'autant qu'on pourrait y loger le reste de la fratrie qui n'a pas démérité non plus. Quand il fut enfermé près d'un an suite à sa participation à la Commune de 1871, une communauté de savants du monde entier, dont Darwin, écrivit aux juges que la société française aurait bien tort de se priver d'un homme d'une si grande valeur. Ce qui évita le bagne au géographe, dont la peine fut transmuée en un bannissement de dix ans. Il refusa par respect pour ses camarades massacrés, bannis, déportés en Nouvelle-Calédonie, de contester la sentence. Comme Louise Michel. Son grand tort devant la République si peu reconnaissante fut d'avoir été toute sa vie anarchiste, s'en tenant à un principe élémentaire et impeccable : « Celui qui commande se déprave, celui qui obéit se rapetisse. » Ce qui explique l'oubli dans lequel on l'a tenu. La République qui massacra la Commune et organisa la colonisation pour le plus grand profit des possédants est essentiellement conservatrice. En outre, elle aime bien qu'on la flatte, dans la plus pure tradition monarchique, ce qui la rassure sur ses errements.

Autre faute impardonnable, Reclus n'était jamais là où l'on aime ranger les esprits. Géographe, il s'intéressait au sort des populations en historien et en sociologue. Scientifique, il ne donnait pas un blanc-seing au Progrès qui avait remplacé la religion chez les positivistes et dont il fut l'un des premiers à constater les nuisances (« Les misérables populations du Lancashire et de la Silésie nous montrent que tout n'a pas été progrès sans mélange dans leur histoire »), et écologiste avant la lettre, assistant à la transformation des ruisseaux en égouts, il dénonçait cette coupure entre l'homme et son environnement, appelant à « prendre conscience de notre humanité solidaire, faisant corps avec la planète elle-même ». Conséquent avec lui-même et son respect de l'autre et de la nature, il était végétarien, « légumiste », disait-il. Il a ignoré toute sa vie la vitamine B12, dont on nous dit qu'elle est essentielle au fonctionnement du cerveau et dont le manque provoquerait une forme d'anémie faisant de tout végétalien une loque hébétée. Élisée est mort à soixante-quinze ans en 1905 d'une angine de poitrine, ce qui le classe dans la tranche très haute des survivants pour son époque. Il aura déployé sa vie durant une énergie folle, parcourant le monde jusqu'à la fin pour alimenter ses ouvrages qui n'ont rien de demeuré. Et on le lit avec bonheur.

Mais si on tient à cette critique du « légumisme », on s'intéressera aux historiens qui attribuent la victoire de Cortés au Mexique au fait que les Aztèques et autres peuples de la Mésoamérique se nourrissaient exclusivement de maïs et de fèves. Ses maigres troupes gavées de brochettes de jaguar auraient affronté de petits êtres débiles, chancelants, que l'on renversait d'une pichenette. Ceux-là n'auront peut-être pas lu Bernal Díaz del Castillo, le récit de la conquête par un lieutenant du conquistador. Ce n'est pas l'impression qu'il a gardée avec son corps lacéré, couvert de plus de soixante-dix cicatrices. La victoire des Espagnols tient principalement à la fin d'un cycle annoncé par les astronomes de Montezuma, à l'effet de saisissement devant cette bande de déglingués montant des animaux fabuleux, à des buts guerriers radicalement différents puisque l'objectif des Aztèques était non de tuer mais d'enlever les soldats ennemis en vue de les sacrifier (la pyramide du Soleil était gourmande), à la contrariété des peuples voisins lassés de fournir ladite pyramide en chair fraîche et à une chance formidable. Cortés encerclé dans la « nuit triste » de Mexico et sur le point de succomber, n'eût-il été dégagé in extremis par ses hommes, il n'y eût jamais eu d'Amérique espagnole.

Bernal Díaz del Castillo vante au contraire la vitalité extraordinaire des guerriers aztèques, adoptant pour une grande part leur régime et leur empruntant leur cuirasse de coton bien plus légère et aussi efficace que les armures d'acier. Et pour ce qui est de la science du ciel, les prêtres aztèques, mayas et incas en savaient plus long que notre clergé qui brûlait les contrevenants à la loi divine. Ironie du sort, nous nous nourrissons massivement avec les fruits et légumes importés de la Mésoamérique : maïs, tomate, pomme de terre, avocat, courge, haricot, piment, arachide, vanille, ananas. Sans doute une stratégie revancharde maya et aztèque pour nous priver d'une vitamine essentielle et nous rendre comme des légumes. (Pour info cet ouvrage est garanti sans B12, ce que ne manqueront pas de pointer les ricaneurs.)

Mais les multi-monstres ont l'œil, qui aussitôt trouvent la parade comme d'acheter toutes les sources d'eau minérale du Mexique pour la vendre plus cher que les boîtes de Coca. La contre-attaque est lancée : un plan tricot bis. Faire en sorte que le prix des plats cuisinés soit moins élevé que l'ensemble des produits qui les composent. Quitte à mettre de la viande de cheval dans les lasagnes et du beurre de yak dans les épinards. On le sait, les multi-monstres sont des tricheurs professionnels. Faire en sorte que cuisiner devienne un passe-temps comme le tricot, un sport de riche, de dilettante. Voire un moyen warholien de passer à la télévision. Mais l'objectif zéro minute doit impérativement s'imposer. La cuisine qui avec le mijotage donnait du temps au temps devient « cette heure arrêtée au cadran de la montre ». Elle ne saurait grignoter notre temps de loisirs si utilement occupé à grimper des escaliers sans marches et sans étages.

Tous les doigts levés tendent à détourner notre attention de nos vies, à nous mutiler de nos mains, de nos esprits, à nous dépouiller de ce temps limité qui nous est imparti et qui ne peut pas être un temps à rembourser des emprunts, un temps à travailler jusqu'à épuisement, un temps à n'avoir le temps de rien. Les multi-monstres sont les vrais chronophages. Nous avons à nous occuper de nous-mêmes, pas du compte en banque des puissants qui nous malmènent et congèlent nos esprits au point que nous répétons comme les perroquets de l'île toutes les injures et insanités que nous subissons : le chômage qui serait une fatalité, la compétition mondiale dont on ne verrait que le versant ombrageux (l'adret existe, pour les un pour cent les plus riches), l'alignement nécessaire sur le moins-disant (qui est le moins coûtant, la sémantique patronale a des pudeurs), l'impôt sur la fortune qui serait un empêchement au ruissellement (et nous sommes là, au bas de la fontaine, avec nos verres désespérément vides), la taxation des transactions financières qui assécherait les échanges et nous condamnerait à vivre des glands tombés de l'arbre, l'abandon du nucléaire qui nous ramènerait à la bougie et conduirait à une surexploitation des ruchers et à l'épuisement des abeilles, l'alimentation bio dans l'incapacité de nourrir la planète, et la liste est longue des couleuvres de la propagande.

Baissons la tête et abandonnons ce programme lunaire. Portons notre regard sur nos vies, sur l'autre qui partage les mêmes peines, sur d'autres qui souffrent de peines plus grandes encore. Arrêtons de confier notre sort à des potentats nécessairement médiocres car c'est d'un esprit médiocre de convoiter le pouvoir. Depuis la Révolution nous fonctionnons sur cette idée que pour changer le monde il s'agit de se porter aux commandes des instances étatiques. De là, depuis ce tableau de bord aux mains d'hommes de bonne volonté, nous pourrions façonner un monde nouveau, juste et fraternel. Ce qui sur le papier semble imparable, mais inlassablement nous envoyons au pouvoir des Thiers, des Giscard, des Macron secondés par des reîtres vulgaires (pouvons-nous concevoir sans effroi que Nadine Morano ait été un jour ministre ?) et dont l'ordre de marche est à chaque fois fourni par les puissances d'argent. Car au plus haut, le tableau de bord des commandes de l'État est une sorte de jeu vidéo, de Fifa politique, déconnecté du monde réel, qui autorise pour ses joueurs tous les gestes de la victoire, bras écartés et poing levé. Les vraies commandes sont ailleurs, entre les mains des grands groupes et des banques, sur lesquelles le vote national n'a aucune prise. La grande illusion est là, dans ce simulacre démocratique. Nos gouvernants sont des répliques en cire d'un musée Grévin de la Troisième République, quand on s'illusionnait encore sur l'efficacité du pouvoir politique et sa capacité à changer la face du monde. Le Front populaire de 36, qui porta cette espérance à un point jamais encore atteint ni dépassé, signant la fin de cet acte de foi. Après, c'est dégringolade et pastiche. Fifa 36 ayant connu sa dernière incarnation en mai 1981.

Toute cette énergie dépensée dans les campagnes électorales, toute cette confiance bafouée, pour un résultat connu d'avance. Tout l'espoir cumulé dans ce qui était la gauche pour culminer au soir des Délections à six pour cent. Toute cette énergie canalisée par le système électoral qui condamne immanquablement à ravaler son chagrin de n'être jamais entendu, à se réunir sur des ronds-points tout un hiver pour tenter maladroitement de manifester une existence habituée à la résignation et au silence. Peut-être convient-il de se détourner de ces machines infernales qui remettent tous les cinq ans l'espérance d'un meilleur entre les mains d'ambitieux impatients ou décrépits ayant grandi sous le harnais des partis avant de s'en détourner et de jouer aux rebelles. Valet un jour, valet toujours. Il est vain d'attendre un changement par le haut. Le gigantesque aspirateur électoral sert simplement à suspendre les attentes, à maintenir sous pression les aspirations à un mieux vivre. Tous les cinq ans un doigt se dresse qui nous promet la lune. À quoi bon s'échiner, le grand cirque démocratique est un placebo. Thiers l'avait bien compris, qui avait convaincu les possédants qui espéraient un retour de la monarchie qu'ils n'avaient rien à craindre de la République. Au contraire, ce simulacre était une garantie pour que sous des apparences de changement rien ne change. Tancrède était déjà dans la place. Ne rien espérer de la voie démocratique. À la fin, c'est toujours l'argent qui gagne.

Et à quoi bon assiéger tous les cinq ans et prendre d'assaut une citadelle vide. Ah oui, pour les prébendes et les carrosses. Élisée : « Le suffrage universel a accru cette hideuse classe des politiqueurs qui se font un métier de vivre de leur parole, courtisant d'abord les électeurs puis quand ils sont en place se tournant vers les puissants, mendiant les places, les sinécures, et les pensions. » Eva Joly apportant la touche finale à la remarque du légumiste Reclus quant à ce système faussement représentatif sinon des puissances d'argent : « Notre malheur, c'est que la Commission est dirigée par l'évadeur fiscal en chef. » Juncker, président de la Commission européenne, ancien Premier ministre d'un paradis fiscal où tous les coups tordus sont permis pour priver les peuples des retombées de leur travail. Tous les larcins cumulés des voleurs emprisonnés d'Europe n'arrivent pas à sa cheville corrompue.

Notre malheur a conduit à porter au plus haut de l'État un jeune homme prétentieux, imbu de lui-même, insultant ceux dont il brigue le suffrage. Fort avec les faibles, quand il s'agit de traiter d'illettrés les hommes et les femmes des abattoirs de Bretagne, de considérer comme rien ceux qui ne « réussissent » pas, de se venger des outrages reçus de ses commanditaires sur un jeune garçon qui l'interpelle avec un courage puisé au plus profond de l'adolescence, de n'éprouver aucune compassion envers ceux qui travaillent pour des salaires qui s'obstinent à ne jamais finir le mois, manifestant cette morgue devant la pauvrerie comme on le disait dans les fabliaux, qui est l'exact contraire de ce qu'on attend d'un sauveur annoncé. Et bien sûr, ce qui va ensemble, faible avec les forts, obtempérant à leurs pleurnicheries quand on écorne leur capital d'une ébréchure qui ne changera strictement rien à leur train de vie (pour mémoire, Warren Buffett : « Même si on m'enlevait 99 pour 100 de ma fortune je ne m'en apercevrais pas ») et s'engageant, main sur le cœur, à supprimer ces impôts iniques sur la fortune, ces taxes sur les placements boursiers, toutes ces injustices financières qui soulèvent le cœur du petit trader de Genève.

Le XXe siècle l'a tragiquement démontré. Toute prise de pouvoir violente conduit à des gouvernances violentes. Il faut l'hystérie idéologique d'un Badiou pour considérer que plusieurs centaines de milliers de morts ne constituent pas en soi un empêchement à l'établissement d'un gouvernement véritablement communiste. Après, ce sera tellement bien qu'on saluera cette hécatombe. Comme si après ça ne pouvait être autre chose qu'un État policier totalitaire dénonçant et punissant toute déviance pour un carré de choux clandestin, une icône au fond d'une armoire, un refrain venu d'ailleurs. La preuve en a également été faite : toute prise de pouvoir violente conduit à des inégalités violentes. Et pour ce qui est de l'exercice du pouvoir, il ne peut se concevoir sans une collaboration des élites. Tout pouvoir est un pouvoir de collaboration au service de l'ordre établi.

Le problème du pouvoir, ce n'est pas simplement d'en user à discrétion, c'est, pour se maintenir, d'offrir des parts de pouvoir à toute une armée de petits chefs qui, mandatés, ont dans les mains de quoi humilier, exploiter, imposer. Tout pouvoir ne tient que par ce centralisme bureaucratique, toute une armée jouissant plus ou moins sadiquement de son impunité en se retranchant derrière des ordres. C'est exactement ce que Klaus Barbie expliquait à Jean Moulin quand il lui plongeait la tête dans la baignoire. On torture par obéissance, on avilit au nom de la loi. La seule parade, c'est de limiter les pouvoirs, d'en donner le moins possible à ceux qui le convoitent. Un pouvoir limité fera toujours moins de dégâts. Et ne pas accorder la moindre confiance à quiconque affirme qu'une fois là-haut tout ira pour le mieux. Pour certains, oui. Toutes les révolutions parvenues à leurs fins n'ont abouti qu'à changer les membres de la caste des nantis.

Dans ses essais Orwell croit encore à la révolution. Ou fait semblant d'y croire. Il vivait sur le reliquat de cet espéranto révolutionnaire qui avait jalonné le siècle précédent de ses expériences ratées. Sa lucidité impeccable sur la dénonciation du stalinisme ne l'empêchait pas de rêver à une sorte de coup de force. Mais il n'y a rien à espérer de cette stratégie éculée de la prise d'assaut d'un Palais d'hiver. Vieux rêve écroulé ne survivant qu'à travers la psalmodie de mantras, enivrantes formules qui montent à la tête comme un marc de jouvence le temps d'un défilé. Défiler relève de la nostalgie.

Toutes les mises en garde des Cassandre qui prédisent la faillite généralisée du système, la fin du pays privé de ses moyens d'action, de son contrôle monétaire, dénoncent les joysticks du libre-échangisme pilotés depuis Bruxelles, Berlin et Washington, se soldent par un échec. Cassandre est un rôle comme un autre dans la pièce dont l'intrigue conduit à la dépossession de nos vies. Cassandre est encore un doigt levé qui de la lune pointe la face cachée.

Dans Paris cerné par l'armée de la République, après avoir résisté tout un hiver aux Prussiens de Bismarck, on proposa une autre manière d'organiser la vie commune : enseignement gratuit et obligatoire pour tous, séparation de l'Église et de l'État, droit au travail des femmes et égalité des salaires, écoles d'apprentissage pour garçons et filles, faible écart des rémunérations quelle que soit la position hiérarchique, loyers différés pour les plus démunis, dégagement gratuit des dépôts de moins de 20 francs au mont-de-piété, etc. Et ce principe fondamental qui écarte toute préséance d'une identité nationale : « Toute cité a le droit de donner le titre de citoyen aux étrangers qui la servent. » Garibaldi fut un élu de la Commune de Paris, et Frankel, Juif hongrois.

Le conseil de la Commune était cependant divisé en deux groupes. Le premier, le plus important, était jacobin, composé d'admirateurs de la révolution de 93 et prêt à rétablir au besoin les méthodes expéditives de la Terreur ; le second, minoritaire, où se comptaient les internationalistes, était anti-autoritaire et davantage préoccupé d'instaurer des mesures sociales. Parmi ces derniers, Eugène Varlin pour lequel il faudrait libérer un autre étage au Panthéon. Il y serait en bonne compagnie à côté d'Élisée. Et aussi de Louise Michel, dont Emma Goldman dans son livre volumineux sur sa vie d'anarchiste dresse un merveilleux portrait – c'est à Londres, refuge des communards, qu'elles se rencontrent –, et encore de Nathalie Lemel, Bretonne montée à Paris, militante au sein de la première Internationale des travailleurs, devenue féministe après voir subi un mari ivrogne, et qui était sur les barricades de la Commune. Grâce à quoi elle fut déportée dans les bagnes de Nouvelle-Calédonie, refusant comme la reine Louise tout aménagement de sa peine au nom de la solidarité avec ses camarades humiliés et massacrés.

Varlin, ouvrier relieur, était à Londres en 1865 pour la première conférence de l'AIT, l'Association internationale des travailleurs, puis l'année suivante à Genève à son premier congrès où il défend le travail des femmes auquel s'opposait ce gros con antisémite de Proudhon. Varlin à la tribune : s'opposer au travail des femmes c'est condamner les plus pauvres d'entre elles à la prostitution. Varlin, qui au moment où les versaillais entraient dans Paris, refusa d'instaurer un régime de terreur comme le proposait le comité : on n'est pas là pour ça, dit-il. Impeccable comme toujours dans sa vie brève. Varlin, qui pendant les deux mois de la Commune de Paris, se démena sur tous les fronts, aussi bien des cantines (il avait fondé une coopérative, La Marmite, restaurant collectif pour les ouvriers) que dans les dépôts ou sur les barricades.

C'est après avoir franchi la dernière, rue de la Fontaine-au-Roi, épuisé par des jours et des jours sans sommeil, qu'assis sur un banc de la rue Lafayette, il fut reconnu par un prêtre et dénoncé au lieutenant Sicre, le courageux Sicre qui prudemment revint avec ses lignards pour s'emparer de la grandeur de l'homme. Sa montée de la Butte fut un long calvaire. Frappé, insulté, l'œil bientôt exorbité, et une fois là-haut où tout avait commencé le 18 mars, exécuté sans procès par une ordure galonnée, le général Laveaucoupet, un héros à la mode Galliffet, un de ceux, expéditifs, qui ne s'embarrassent pas des procédures et des finasseries judiciaires, lequel dépouilla le cadavre de sa montre, la montre que les relieurs reconnaissants avaient offert à Varlin pour ce qu'il avait fait pour eux, et que l'ordure exhibait dans les dîners en ville comme étant la preuve que ces prolétaires avaient des moyens. Oui, les moyens de mourir pour tenter de soulager la misère d'autrui.

Après avoir réfléchi à l'échec de la Commune de Paris, Marx conclut que le changement politique passait par une organisation hiérarchisée, bureaucratisée, verticale, autoritaire. Lénine s'en souvint, obsédé par l'idée de survivre aux deux mois et douze jours de l'expérience parisienne, et dansant sur la place Rouge le soixante-treizième jour après son coup d'État. Contre l'apparent foutoir parisien on opta pour une poigne de fer. Ce qui remisa les théories de Bakounine dans la boîte aux utopies, qui pensait qu'on pouvait se passer de toute forme d'autorité. Ou de Kropotkine, prince dans une première vie avant de rompre avec sa caste, qui jugeait que l'esprit d'entraide, la coopération et la libre entente entre les individus étaient la seule garantie contre les puissances déshumanisantes à l'œuvre au sommet de la société. Car ce que l'on a vu partout chaque fois qu'un changement radical était au programme, c'est qu'un ordre en remplaçait un autre, tout aussi impitoyable avec les faibles. Cet échec des fédérés, des « communeux » comme ils se qualifiaient, n'était pourtant pas à mettre sur le compte de l'expérimentation elle-même. C'est l'acharnement à ce qu'elle échoue qui l'interrompit dans le sang.

Les communards avaient introduit leurs innovations sociales dans les pires conditions, et pourtant certaines ont montré des chemins qu'on emprunte encore. Et d'autres qu'on serait bien avisé de suivre. Mais ils avaient eu tout le monde contre eux. La bourgeoisie, l'Église et l'armée regardaient avec terreur cette mise en place d'une nouvelle organisation solidaire des classes laborieuses, qui sapait leurs privilèges. Qui ne sapait rien puisque Jourde, à qui avaient été confiées les finances de la Commune, se garda de toucher à un centime de la Banque de France quand il lui aurait suffi d'y puiser. Tous étaient des gens parfaitement honnêtes et consciencieux, qui connaissaient la valeur du travail, grâce à quoi on ne se souvient d'aucun d'entre eux. Ce sont non seulement les versaillais (parlant, tout de même, ce choix de Versailles pour un gouvernement républicain, Versailles où les deux chambres se réunissent encore), mais le pays entier, qui appelaient à l'écrasement de la Commune. Et quand dans la seconde moitié de mai la troupe se livra à une curée sanglante, plus de vingt mille morts, ce fut sous les applaudissements de toute la littérature du moment, Daudet, Flaubert, Sand, Du Camp, Dumas fils, tous sauf Hugo. Et Vallès bien sûr, à qui on pourrait aussi trouver une place en haut de la rue Soufflot, mais lui comptait parmi les insurgés.

Pour ceux qui tiennent absolument à placer la littérature et la poésie du côté de la résistance et des opprimés, c'est une leçon à méditer, qui évite de se cacher derrière son petit doigt à plume. Et cette leçon dit toujours la même chose : comment des gens ordinaires, des gens simples, auraient-ils le culot de se passer de nous, les élites, les têtes pensantes, les têtes composantes, les têtes gouvernantes ? « Ça se passait très bien », avouait un anarchiste catalan, se souvenant de son village libéré des tutelles de l'autorité. C'était avant que Franco et ses troupes aux ordres des bien-pensants ne rétablissent l'ordre immémorial des princes de l'Église, de l'industrie et de la finance. C'est vexant pour les gens de pouvoir que d'autres gens puissent s'organiser librement sans eux. Et plutôt bien. À quoi sert de convoiter le trône si une fois assis, on a l'air d'un imbécile ? Et pas que l'air d'ailleurs.

Votre appareil politique ne nous intéresse pas. Nous ne supportons plus ces voix de faussets et de faussaires, ces joutes narcissiques entre prétentieux qui ne connaissent des réalités de la vie que la place obtenue dans un concours de la fonction publique et les avantages qu'elle fournit, ces accents rudesques (de Rude, gueule cassée de l'Arc de Triomphe) nous annonçant, bras écartés, que tout ira pour le mieux dès lors que nous aurons accordé notre confiance à l'élu providentiel, lequel menace la finance de telles représailles, une fois parvenu sur le trône, qu'on tremble presque pour elle. En réalité ces gens nous fatiguent. Mauvais acteurs et piètres personnes. Et la raison de cette mauvais pêche est simple. Le vrai pouvoir étant ailleurs, à Bruxelles, New York, Francfort, chez les multi-monstres, les succédanés de gouvernement héritent pour ces rôles de figurants des seconds couteaux, et parmi les plus vulgaires.

Dirigeons le cadavre indicateur givré vers n'importe quel coin vide du ciel, laissons-le lire son avenir dans le miroir zodiacal de madame Irma, accrochons au doigt dressé un bonnet perdu sur le chemin que son propriétaire pourra récupérer – que ce doigt serve au moins à quelque chose –, puis baissons les yeux. Regarder librement ailleurs. Se détourner de ces vains combats qui ne nous concernent que très moyennement, abandonner les rêves pipés d'une prise de pouvoir qui n'aboutit qu'à dévoyer l'espérance et à placer sur un piédestal un pantin vaniteux. Hausser les épaules aux promesses et tourner le dos, sans plus se préoccuper de ces postures de matamore, bâtir à côté de ces ruines idéologiques quelque chose à notre main, de même que l'on reconstruit quelques centaines de mètres plus loin ces villages dévastés par un séisme plutôt que de s'acharner à consolider les lézardes des murs branlants. Rien ne sert de s'échiner à conquérir des palais de carton-pâte, sinon à dévier de nos vies. Laissons le pouvoir au pouvoir et qu'il gouverne sa foire d'empoigne. Ce dont il donne chaque jour le spectacle lamentable. Agir où l'on peut efficacement agir. Se concentrer sur cette tâche. Créer sans attendre la permission qui ne vient jamais, miter le terrain de ces initiatives qui jaillissent et se développent un peu partout de manière autonome sous forme de coopérative ou autre, les relier entre elles, les mailler, de manière à tisser une communauté souple et solidaire sans être asservi à l'une de ses composantes.

L'agro-écologie fourmille de trouvailles, d'inventions, comme si nous entrions dans un néo-néolithique soucieux cette fois du sol (le premier ayant été une catastrophe qui a désertifié le Croissant fertile et les îles grecques). Et ses résultats bénéfiques, qui démontent l'idée d'une supériorité de l'agriculture industrielle, sont la meilleure des nouvelles pour notre santé et la santé de la Terre, pour les terres délaissées qui se peuvent replanter et ces villages abandonnés repeupler.

Pour notre esprit aussi, humilié, sali, par les entourloupes des multi-monstres, qui retrouve ainsi une forme de fraîcheur et d'honnêteté. Chaque expérience est un laboratoire où l'on peut puiser sans se sentir tenu de modéliser sa trouvaille. L'uniformisation, c'est la mort. Nous mourons de cette obsession de l'unique qui nous vient de Dieu seul, peut-être. De cette mesure étalon qui nous oblige à passer sans cesse sous la toise d'un pavillon de Breteuil universel. Nous sommes pourtant prévenus. À chaque fois nous constatons que la maladie se diffuse d'autant plus facilement que les semences sont de la même variété, qu'elle ne se heurte pas à une variété autre, dissemblable, résistante. Ne pas chercher à retrouver pareil à soi ailleurs. Ce qui marche ici peut ne pas marcher là-bas. Ce qu'on n'a pas trouvé ici, on peut s'émerveiller de le trouver ailleurs. Renoncer à la formule définitive, qui se révèle toujours une solution finale. Ce qui s'est vu avec les hommes. Ce qui se voit maintenant avec les oiseaux, les poissons et les baleines. Quand on a besoin d'un levier pour faciliter les choses, chercher le point d'appui le plus proche. Ne pas prendre appui sur la lune.

Une « commune » – une municipalité ou une communauté de communes – a les pouvoirs d'imposer des cantines bio et un maraîchage de proximité qui assure une relative autosuffisance alimentaire et raccourcit les circuits, d'étudier les ressources propres et renouvelables qui conduiront à une indépendance énergétique, d'assurer des services publics, des transports qui évitent l'usage de la voiture, d'œuvrer à un esprit de concorde entre les groupes et les individus qui la composent, à une connaissance vraie de notre environnement. En quoi nous avons tout à apprendre des peuples que l'on disait primitifs. Les accélérateurs de particules ne sont d'aucune aide pour la vie des lombrics qui, eux, sont indispensables à la vie des sols.

La commune vaut qu'on s'y arrête, qu'on la considère dans sa capacité à améliorer le quotidien. Au-delà, ce n'est pas nécessaire. Au-delà, ce n'est que calculs politiciens dans lesquels la question sociale n'a aucune part, sinon à travers quelques formules rituelles parfaitement désactivées. Tellement désactivées qu'on ne sait plus comment appeler le peuple. Les gens, par exemple. Pourquoi pas les gus ou les gueux ? Au-delà, les intérêts économiques et financiers anesthésient toute émotion qui relèverait de l'intérêt pour l'autre, de la compassion pour ceux qui sont à la traîne et qui souffrent. La recherche de ces seuls intérêts tue toute intelligence, ce qui explique que nous soyons gouvernés par des idiots. Car il faut être suprêmement idiot pour foncer, sabre au clair, droit dans le mur des vanités.

Si on attend de la FNSEA qu'elle se convertisse à la permaculture et qu'EDF renonce à ses centrales, ce n'est pas à Versailles que les deux chambres devront se réunir, mais à Fatima. Les communards rêvaient qu'on mène ailleurs des expériences similaires à la leur – quelques tentatives à Lyon, Marseille, Bordeaux, mais vite matées. Ils rêvaient de se fédérer, d'essaimer la bonne nouvelle pour les déshérités, de tisser un filet solidaire, insoucieux de l'esprit de conquête et de profit.

Renouer avec ce rêve relevé des caniveaux sanglants de mai 71, le poursuivre, mailler le territoire de ses initiatives alternatives, autonomes, de sorte que reliées elles entravent les manœuvres des multi-monstres. Les jeunes gens que heurtait l'idée de se mettre au « service » de l'armée avaient la possibilité, ce qui se traduisait par de la prison, de se déclarer objecteurs de conscience. Leur conscience meurtrie bronchant devant ce que l'armée, à un moment ou à un autre, pourrait exiger d'eux. Tuer, en somme. Ce qui est une position morale. Devant les ignominies des gouvernements et des grands groupes il serait envisageable que se crée un mouvement des objecteurs de conscience civils. Ma conscience m'interdit de cautionner les injustices du marché qui pille tout ce qui lui est profitable et exploite la main-d'œuvre, les injustices de la loi quand elle s'oppose à l'intérêt général, néglige les démunis, se moque de la qualité de l'air et de ce que nous avalons et absout les coupables, les manigances des gouvernants dont il apparaît qu'elles sont toutes orientées dans le même sens qui est celui des puissants et jamais en direction de mes semblables maltraités.

Il existe dans le journalisme une « clause de conscience » que peuvent faire jouer ceux qui estiment ne pouvoir moralement s'adapter à un changement de direction. Simple vue de l'esprit, sachant que la ligne directrice demeure toujours la même, mais qui permet aux uns et aux autres de négocier des départs volontaires avec chèque à la clé. Quitte à revenir plus tard quand la conscience journalistique aura évolué. Mais cette clause généralisée devrait être un impératif à brandir face à la mise à sac de nos vies et de notre habitat.

Parce que rêver n'implique pas d'être naïf, ne jamais négliger la grande peur des possédants qui les pousse à la violence, c'est-à-dire qui les pousse à solliciter les bras armés mis à leur disposition par l'État pour régler par la violence tout débordement de la plèbe. Les possédants sont des pleutres. Ils ont peur de la masse qu'ils voient comme une menace, dont ils redoutent qu'elle prenne conscience de son état de misère (comme si la pauvrerie n'était pas au courant, le miracle c'est qu'elle le supporte), et qu'éveillée elle ne les dépouille, ce qui ne s'est pourtant jamais vu sinon en mirage dans la forêt de Sherwood.

C'est cette peur des puissants, et pas besoin d'élever beaucoup la voix pour qu'ils tremblent, qui les oblige à lâcher un peu de lest quand ça gronde autour d'eux. Grâce à quoi, profitant de cette faiblesse des forts, on pourrait s'acheter du temps et se le distribuer plus équitablement. Il s'agit moins de se soulever massivement que dans son coin de faire la tête, le sourd, de tourner le dos aux puissants, de passer outre aux ukases, de s'organiser en sous-main. Acter sans le clamer cette sécession entre le haut et le bas, sorte de Brexit intérieur de fait, de Brexit de classe. Il ne sert plus à rien de faire accroire que le haut se soucie du bas. Sinon comme d'une guigne. Alors laissons les ballons s'envoler, n'essayons pas d'attraper la corde qui se balance au vent. Ils vont vite se dégonfler là-haut. Ce sera une fête de les voir dessiner dans le ciel des trajectoires erratiques avant de plonger et de gésir comme des baudruches crevées. Impuissants dès lors qu'on ne s'occupe plus d'eux.

Renouer avec la démocratie implique de cesser de cautionner le simulacre démocratique grâce auquel les urnes immanquablement livrent ce que les puissants leur ont commandé. Ce simulacre est même la clé démocratique : choisissez celui qui vaut le mieux à nos yeux, qui servira au mieux nos intérêts, parce que nous l'avons préparé pour ça et qu'une fois sur le trône il devient notre obligé. Comme si cette élection avalisait une connivence, une convergence de vues entre le peuple et les puissants quand il ne s'agit que d'une vaste *combinazione*. Ce sont déjà les banquiers français et suisses qui ont porté Napoléon Bonaparte au pouvoir, lesquels ont besoin d'une main de fer, « jupitérienne », pour mater le peuple des humbles pendant qu'eux se livrent à leurs affaires comptables, pillent et rançonnent. Il suffit à ceux-là de cocher ce qu'ils souhaitent dans le catalogue des privilèges et par une propagande bien menée immanquablement ils se trouvent légitimés dans leurs choix. Même pas besoin de webcam dans l'isoloir pour surveiller la main qui glisse un bulletin biseauté dans l'enveloppe. Les esprits, ça se *modèle* en amont. Se remémorer les perroquets de l'île du chevalier de Haddoque. Et quand il arrive que le peuple se rebelle, que son choix se porte où il n'est pas désiré par les puissances d'argent, on s'arrange, par le biais des institutions internationales, à le mettre, avec les Grecs, à genoux.

Se boucher les oreilles, ne pas se déplacer. Que le peu de participation à l'élection donne à l'élu si peu de légitimité qu'il se sente la corde au cou, les pieds sur un tabouret bancal. Ne s'intéresser qu'à ce pouvoir de proximité qui permet de changer concrètement les choses. Inutile de perdre son énergie à pousser un second couteau qui n'est là que pour la figuration et avaliser l'illusion démocratique, qui lancera le soir de la défaite un message d'espoir combatif et désolé en donnant rendez-vous à ses chers électeurs dans cinq ans pour le prochain tour de piste de ce *Barnum Circus* électoral. Ainsi *ad libitum*. Ceux-là, les quinquennaux, sont les intermittents de la démocratie. Des dérivatifs opportuns qui captent l'espérance et la diluent dans l'illusion d'une prise de pouvoir. Ça calme les esprits. Une fois leurs yeux séchés on leur enverra des primaires pour patienter jusqu'au prochain tour. Les primaires, ce n'est que ça. Un nouveau tour d'illusionniste pour occuper l'opinion entre deux élections, étant donné qu'elle se fatigue de plus en plus vite, que les états de grâce sont de plus en plus cours. Vite, vous avez le pouvoir de commencer à choisir parmi les vôtres votre prochain souverain. Laisser tomber et se concentrer sur les zones immédiatement prenables, par lesquelles peuvent s'améliorer nos vies, et l'air que l'on respire, et le sol qui nous nourrit.

Ces rébellions larvées, têtues, à petites doses, à pas sautés pour laisser le moins de traces possible, ont peu de risques qu'on leur oppose une répression violente chargée de mater ces décrochages délibérés du modèle dominant et de forcer les récalcitrants à se réinstaller avec leurs pauvres jetons autour de la table de ce poker menteur des puissants. Nous ne sommes plus à Saint-Pétersbourg le 9 janvier 1905, ni au métro Charonne le 8 février 1962. Les temps ont évolué, ont battu leur coulpe bouchère, qui hésitent avant d'ordonner de tirer. On n'enverra plus l'armée avec mission de réduire toute résistance par n'importe quel moyen. On confiera à un commandant en chef du GIGN, formé à la psychologie par le visionnage des films de Sylvester Stallone, le soin de négocier avec les artichauts rebelles. Autrement dit, passer outre aux diktats des gouvernants à la solde des puissants. Sans bruit. Presque en catimini.

Mais ne jamais baisser pour autant la garde, demeurer en éveil, car les multi-monstres ne détellent jamais. Maintenir un état de guérilla économique, dénonciation des méthodes et boycott des produits, baisse radicale de la consommation des produits inutiles, nocifs, ceinture humanitaire de volontaires qu'on peut regrouper à tout moment pour défendre des individus isolés, condamnés par une justice de classe qui dispense de prison ses fidèles, Cahuzac, Guéant, Sarkozy, Balladur, Woerth, et incarcère ceux et celles qui ont aidé des migrants ou construit une cabane sur un rond-point. Jadis dans le pays chouan, à l'heure des Inventaires, une des conséquences de la loi de Séparation de 1905 qui laissait à l'État l'entretien du patrimoine religieux, quand les percepteurs cherchèrent à pénétrer dans l'église pour se livrer à un relevé de ses œuvres, ils trouvèrent autour de l'édifice les paysans de la commune armés de faux et chantant des cantiques. Ils n'insistèrent pas, firent demi-tour, et rien d'autre ne se passa. L'État accepta de fermer les yeux sur un calice, un ciboire et une statue du curé d'Ars.

Des changements modestes, loin des centres de décision, sont moins visibles que l'annonce d'un grand soir, moins inquiétants. Même si les avocats de Monsanto ont l'œil. Vassili Grossman croyait en la « petite bonté » qu'il avait vue à l'œuvre dans son activité de correspondant de guerre – il accompagna l'Armée rouge jusqu'à Berlin dans sa traversée des plaines orientales. « Petite bonté » qu'il opposait à la bonté laquelle, portée par un discours théologal, se drape dans sa vertu pour mieux dénoncer les contrevenants à sa loi virginale. La petite bonté est toujours bouleversante, inattendue, imprévue, non comptable. Un don sans contre-don qui est encore un moyen de domination de l'autre. Elle surgit du geste spontané d'une babouchka russe glissant un bout de pain à un jeune soldat allemand affamé, tiré terrorisé des ruines de Stalingrad. La petite bonté est à la bonté ce que les initiatives individuelles sont au plan quinquennal. Plutôt que le grand soir, un amoncellement de petits matins. Pour quoi on a juste besoin de temps. Le temps de s'organiser en douce avec les moyens du bord. Le temps de littéralement voir venir. Non pas le temps de la révolution qui est promesse de chaos, de violences, de morts, de régimes policiers, mais la révolution du temps par quoi on aménage paisiblement nos vies.

Le temps nous a été volé par la révolution industrielle qui a aussitôt jugé bon pour le Capital de tout absorber de ce qui fait une journée une fois retiré six heures de sommeil, les trajets et une collation rapide sur le pouce. D'où à la fin du XIXe siècle les revendications pour limiter le nombre d'heures de travail. Ce qui se traduisit par des bains de sang pour les ouvriers sur lesquels, quand ils revendiquaient, l'armée tirait. À Fourmies, à Draveil, à Villeneuve-Saint-Georges, et à Chicago, à Barcelone depuis le sinistre château de Montjuïc, où sont garrottés les anarchistes (et nous ne sommes que quarante ans avant la guerre civile, la mémoire était vive), à Milan où le massacre perpétré par le général Bava Beccaris lui vaudra d'être décoré par le roi, cette carte sanglante élargie pointant d'une tache rouge tous les lieux où l'argent et le pouvoir pouvaient compter sur l'armée pour mater ces aspirations à une vie supportable. Ce qui faisait débat entre révolutionnaires et réformistes. À Chicago les anarchistes s'opposaient à la revendication d'une journée de travail de huit heures, arguant que cet aménagement faisait encore le jeu du capitalisme au lieu que c'était le capitalisme qu'il fallait abattre. À quoi un ouvrier répondit à Emma Goldman, qu'à ce rythme-là il serait mort avant d'assister à cet écroulement et que le mieux, pour lui et ses semblables, serait de commencer à limiter les dégâts, c'est-à-dire d'obtenir au moyen de la grève une journée de huit heures. Et en Silésie, les tisserands mouraient de faim bien que penchés douze heures sur leurs machines.

Michael Perelman est un économiste américain dont les analyses sont tellement dérangeantes que les multi-monstres (les gouvernants à leur solde) l'ont expédié dans une université perdue de la Californie rurale, à Chico qu'on peine à trouver sur une carte. Dès 1977, après avoir étudié à Berkeley, il dénonçait « un système agricole qui consommait dix fois plus d'énergie qu'il n'en produisait sous forme d'aliments comestibles », « un système agricole à but lucratif qui créait la faim, la pollution, avait de graves conséquences pour la santé publique et la perturbation de l'environnement, tout en chassant des millions de personnes de la terre ». Décidément certains voient mieux que d'autres. Il est l'auteur d'un ouvrage, *The Invention of Capitalism*, qui vaudrait sans doute la peine d'être traduit et dont heureusement on trouve la recension dans un article truffé de citations de contemporains d'Adam Smith. Comme celle-ci d'Arthur Young : « Il faut être idiot pour ne pas comprendre que les classes populaires doivent être maintenues dans la pauvreté, sans quoi elles ne seront jamais laborieuses. » Laborieuses signifiant ici masse travailleuse dégageant une plus-value pour ses employeurs. Ce qui est la définition du libre-échangisme.

Ce n'est pourtant pas la nécessité qui conduisit les paysans anglais dans les manufactures. Ils vivaient plutôt bien, à leur rythme, de la chasse, d'un jardin, de quelques bêtes qui profitaient des champs ouverts et de la libre pâture. Ce que Montaigne appelait, cette liberté, ce droit d'usage, « la portion du glaneur ». Libre à chacun de repasser après la moisson pour récolter le regain et les graines tombées. Et Daniel Defoe, qui avec son Robinson avait une bonne idée de la survie sur une île, notait que dans les Highlands « on était extrêmement bien fourni en provision, gibier à foison en toute saison ». On sait comment la classe dominante anglaise s'arrangea pour en finir avec ces tolérances anciennes en édictant une loi imposant l'enclosure, ce qui mit fin aux communaux, et contraignit les paysans empêchés de vivre, « enclos », à s'embaucher dans les manufactures. Loin du laisser-faire, de la « main invisible », toute la bande d'Adam Smith agissait en sous-main pour amener par des mesures gouvernementales cette paysannerie vers l'industrie naissante qui réclamait des bras. Moins des penseurs que des rabatteurs, en somme. Étape indispensable de transformation de l'individu autosuffisant en consommateur et débiteur, puisque les salaires misérables des exploités ne leur permettaient pas de s'offrir ce qu'ils récoltaient sans trop de peine autrefois, au point de passer pour des oisifs et des fainéants. Il est étrange de constater que l'apologie du travail s'entend toujours dans la bouche de ceux qui profitent du labeur des autres. Travaillez plus pour que je gagne plus.

Mais de ce moment, c'est la machine qui dicte son rythme de travail au corps, et non l'inverse. Si le corps est à son écoute, connaît ce qu'il peut endurer, et comment s'économiser, la machine se moque bien que l'homme esclavagisé, arrimé à son poste, peine à suivre les cadences qu'elle lui impose. Quand il lâche, décroche, s'effondre, on n'a que l'embarras du choix pour son remplacement parmi la foule des miséreux chassés des campagnes et qui cognent à la porte de l'usine. Tous les gestes désormais minutés, comptés, surveillés, décortiqués, maximalisés, à qui l'on demande toujours de produire plus vite et davantage. Entre ces gestes il y avait, avant ce temps mécanisé, un temps de récupération. C'est ce temps de récupération considéré comme de l'oisiveté qu'il s'agit de traquer de manière à l'éradiquer. Le moindre répit, la moindre pause dans cette mécanique humaine est une offense envers l'appareil de production. *Cost-killers* et ergonomistes étudient la meilleure position pour décupler l'effort à moindre peine, comme le docteur Guillotin vantait au nom du progrès sa machine à couper les têtes. Guillotin, médecin humaniste et doué de raison, contemporain de l'agronome Arthur Young qui déclarait que les pauvres (voir citation plus haut).

Ce temps volé, Van Gogh en a saisi les contours dans son tableau des deux moissonneurs (*La Sieste*). Il fait plein soleil et les moissonneurs ne moissonnent pas. Allongés sur la paille à l'ombre bleue d'une meule, chapeau et casquette rabattus sur les yeux, les faucilles posées près d'une paire de chaussons, ils dorment du sommeil de la sieste. Van Gogh a oublié le repas, mais c'est qu'il n'en reste rien : du pain, des olives, du fromage. Le repas dort lui aussi dans l'estomac des faucheurs. Et s'il y a une bouteille, elle est gardée au frais dans un seau d'eau à l'abri des rayons. Le geste qu'ils ont suspendu pour se reposer est célèbre. Partout reproduit. Un geste posé, appliqué, sans hystérie, qui ne se dépêche que lorsque le ciel menace. Une danse lente, ce ballet de la faux et de la faucille, gracieux comme dans ces illustrations des *Très Riches Heures* du duc de Berry. Geste qui renvoie à celui tout aussi mesuré du semeur, tout aussi posé, qui déverse en rythme sa poignée de graines en trois temps, avant de repiocher dans le sac suspendu à la poitrine, un mouvement du bras qui s'autorise à s'arrêter quand le corps réclame ou que sonne l'angélus. Toute la gestuelle paysanne ancienne est un éloge de la lenteur.

Ce sont ces gestes, prenant leur temps, jetant de temps en temps un œil au ciel, qui insupportent Adam Smith, Arthur Young et ces gens pressés d'accumuler des richesses, qui sont eux les vrais oisifs, improductifs et parasites. C'est ce temps de repos que l'on retrouve dans les tableaux de Brueghel le vieux où les paysans, travaux finis, dansent avec entrain. C'est dans les temps les plus lointains, à l'aurignacien, où les conditions de vie étaient rudes sous des températures sibériennes que s'invente la flûte (on a retrouvé des dizaines de pièces en os), c'est-à-dire la musique, et de couvrir les parois de fresques somptueuses, ce qu'on nomme aujourd'hui l'art. Ce qui demande, ces activités, du temps, le temps de créer qui ne surgit pas d'un éclair mais implique une initiation, une pratique, une transmission, une réflexion. Et l'intérêt du groupe pour celui-là qui mêle ses notes au vent, au chant des oiseaux, au bruit de la pluie, heureux que de ses rangs jaillisse une forme de beauté qui ne doive rien aux éléments et tout à cette part divine de l'être tapie dans nos rêveries. Supprimer ce temps de pause, c'est tuer l'homme, éradiquer ce qui fait de lui autre chose qu'une machine à produire et consommer.

Les moissonneurs de Van Gogh devraient être affichés dans tous les comités d'entreprise, orner les pignons des immeubles comme un rappel que l'homme n'est pas un rouage mécanique, qu'il est aussi ce corps qui se prélasse. Quand nous l'aurons oublié, de même qu'il nous est déjà impensable qu'on puisse planter une chaîne de production le temps de fumer une cigarette à la porte, quand il ne restera plus que cette image et que la contemplant nous n'en reviendrons pas, ce temps de pause nous paraîtra tellement mystérieux, comme provenant d'une autre civilisation, d'un autre monde peut-être, que nous chercherons à le dater par le biais du carbone 14 en prélevant quelques fils de la toile du peintre.

Les contrôleurs qualité, les contremaîtres, les porions, les agents de maîtrise, les chefs de rayon sont la version contemporaine des gardes-chiourme qui poussaient les galériens à ramer. Ce dont la langue a gardé le souvenir : ça rame, dit-on pour résumer une situation qui paradoxalement n'avance pas. Nous ramons nos vies de va-et-vient. Nous ramons nos vies de galériens. Nous ramons pour tenir la cadence imposée par les lois insanes du monde du travail et tenir le cap de la croissance du PIB et du profit pour une poignée de nantis. Nous ramons sans barque et sans eau sur des appareils de torture afin de tenir le rythme effréné de la vie moderne. Les sandwichs s'avalent debout dans la rue pendant l'heure accordée. Les municipalités n'installent plus de bancs de peur qu'un clochard, un errant, un migrant ne s'y allonge. Ou des bancs à clous pour des passants fakirs. Le succès de McDonald's est aussi à mettre au crédit d'une attention : si l'on peut trouver à redire à sa diététique, il aura prévu de quoi s'abriter et s'asseoir.

Reprendre ce temps déposé, mesuré, du corps flânant, alangui, à l'écoute du monde. Le prendre, ce temps, là où il se trouve, non sur un temps de loisir peau de chagrin, ni sur notre temps de sommeil déjà passablement écourté, mais sur notre temps de travail, sur nos temps de trajet que l'on effectue en courant pour ne pas risquer de fâcher la pointeuse ou le contremaître. Et pour le prendre, ce temps qu'on ne nous donnera pas, il faut trouver les moyens de l'arracher aux profiteurs. Et pas au moyen d'un revenu universel dont on peut se douter, à l'enthousiasme de ses défenseurs qui se comptent parmi les libéraux les plus ardents, qu'il ne sera qu'un moyen de désociabiliser les bénéficiaires, de les isoler encore afin qu'ils ne puissent fomenter en groupe, de les maintenir dans un état de suralimentation graisseuse et de sous-culture de canapé. Le revenu universel, c'est la déclinaison libérale de la paix sociale, c'est envoyer les « encombrants » dans des « réserves » où comme leurs frères aborigènes et amérindiens ils deviendront fous d'alcool, de crack, d'ennui et de violence retournée contre soi.

Les multi-monstres, aidés par les psys de tous bords, les ergothérapeutes, les sociologues, les influenceurs et -ceuses, les dispenseurs de bien-être, les philosophes à la chaîne, ont bien compris qu'ici et maintenant, la formule libertaire, par quoi on renonce au Ciel sans attendre ses récompenses promises, se devait, dans cette attente réduite à zéro, de résoudre la question de la satisfaction immédiate du désir. Une question de temps. Pas moyen de promettre et de remettre à plus tard la lune. Ici, maintenant et tout de suite – la nouvelle trinité séculière. Et sinon la lune qu'on abandonne au sage, du moins les besoins immédiats du corps : le sexe, le sucre et la satiété. Le sexe par l'image, le sucre par les barres chocolatées, les sodas, les plats trafiqués, et la satiété par l'obésité. Pas question de faire attendre. L'impatience, qui découle de ces besoins provoqués, attisée par la propagande et la consommation, pouvant couver des révoltes compulsives, comme ces enfants capricieux se roulant par terre quand on leur refuse les bonbons exposés devant les caisses d'un supermarché, il s'agit de répondre sans traîner à la « demande ». Car le problème de notre monde contemporain, c'est de réduire ce temps d'attente à rien. L'impatience née du désir « commande » tout. Plus de durée entre mon désir et sa jouissance immédiate. D'où l'invention d'une « offre » qui promet de réduire au maximum les délais de livraison. À quoi travaillent Amazon et Cie, en juchant leurs employés sur des patinettes électriques. « À l'américaine », disait le facteur de Jacques Tati qui n'avait plus de temps à perdre à boire son petit verre avec les usagers, jetant son courrier avant de remonter prestement sur son vélo. Commander ne réclamant qu'un clic, plus insupportable encore est de surveiller sa montre et l'arrivée de la camionnette du livreur par la fenêtre. L'intendance ne suit pas, mais « qu'est-ce qu'ils fabriquent ? » (des vêtements au Bangladesh, par exemple, et le Bangladesh n'est pas à côté). L'infantilisation du monde consiste ainsi à faire du « caprice » le principal moteur de la course au profit.

Si l'information, les images peuvent voyager à la vitesse des ondes, si on n'a plus besoin du journal pour connaître à quelle heure les derniers migrants se sont échoués sur une plage de Méditerranée, ni d'un ange pour qu'il dépose notre lettre au Père Noël dans la boîte du ciel, il n'empêche que les corps et les marchandises sont toujours contraints par leur propre poids. Toute cette « masse » ne se déplace pas en un clin d'œil. Aussi vite qu'ait été passée la commande, l'objet convoité arrivera toujours à pied, ce qui constitue la mesure étalon de la lenteur. C'est toujours le livreur qui sonne à la porte pour déposer un colis, après l'avoir descendu de sa camionnette, avoir refermé le hayon arrière pour ne pas susciter la convoitise d'un passant malhonnête, et franchi les derniers mètres en marchant, son colis sous le bras. On n'en peut plus d'attendre. En plein XXIe siècle, c'est inadmissible. À quand les drones se jouant des embouteillages qui passeront par la fenêtre sans perdre de temps à cogner contre la vitre qu'ils feront exploser dans un hourra de bris de verre, et largueront victorieusement le maillot de bain essayé virtuellement en ligne sur la pizza décongelée, avant de finir leur route, batterie épuisée, dans la baignoire ou la caisse du chat. Dématérialiser les corps et les objets pour une téléportation instantanée, voilà la prochaine étape. Et que ça saute ! En attendant, on doit s'en remettre au pas du facteur.

Le cerveau est ainsi fait que dès qu'on commence à mastiquer le corps ne demande qu'à continuer. Il ne peut plus s'arrêter. D'où viser au cerveau. Les canons laser des multi-monstres ont repéré les neurones sensibles. Il faut relire la profession de foi d'un ex-PDG de TF1 dont on n'a retenu qu'un fragment : Or pour qu'un message publicitaire soit perçu, il faut que le cerveau du téléspectateur soit disponible. Nos émissions ont pour vocation de le rendre disponible : c'est-à-dire de le divertir, de le détendre pour le préparer entre deux messages. Ce que nous vendons à Coca-Cola, c'est du temps de cerveau humain disponible. Rien n'est plus difficile que d'obtenir cette disponibilité. C'est là que se trouve le changement permanent. Il faut chercher en permanence les programmes qui marchent, suivre les modes, surfer sur les tendances, dans un contexte où l'information s'accélère, se multiplie et se banalise. La télévision est une activité sans mémoire. Tout se joue chaque jour sur les chiffres d'audience. Nous sommes le seul produit au monde où l'on "connaît" ses clients à la seconde, après un délai de 24 heures. »

Et cette déclaration est déjà de l'histoire ancienne. De la préhistoire. On doit en rire dans les conseils d'administration d'Amazon, Google etc. qui non seulement « connaissent » à la seconde leurs « clients », mais les manipulent, les façonnent. Même plus besoin de les préparer à recevoir le produit à vendre. On réussit en amont à les convaincre que c'est précisément ce qu'ils désirent et convoitent, les persuadant d'être seuls responsables de leurs goûts et qu'ils font preuve en toute indépendance d'une vraie finesse de choix. À tout prix empêcher la liberté libre, celle qui vagabonde dans nos pensées. Squatter les esprits, voilà le programme. « Le véritable objectif des géants de la Tech est de rendre les gens dépendants en profitant de leur vulnérabilité psychologique. » Tristan Harris, ancien designer de Google en charge de l'éthique. L'éthique chez Google, passons.

Qu'une société ait pu se revendiquer de la consommation en dit long sur son projet. La condition de sa réussite implique que nous ne nous arrêtions pas de mastiquer, de mâchouiller, de téter, d'où fournir, alimenter, encore et encore, comme l'on procède dans les usines de dix mille vaches où il n'est même plus besoin d'un garçon de ferme pour renflouer à la fourche les râteliers en fourrage : farine carnée et maïs à volonté. Et de l'herbe ? Seulement pour les humains. Ce n'est pas innocemment que la Californie, terre promise des multi-monstres numériques, a légalisé le cannabis. Entre le virtuel et le planant se noue une alliance de fait de déréalisation de notre présence au monde par ramollissement du cerveau, Amazon se chargeant bientôt de la distribution écologique des plants de haschisch OGM.

Comme l'esprit a aussi besoin de nourriture, suivant le plan de marche de l'ex-PDG de TF1, on lui donne à consommer des « programmes » addictifs – « programmes », « ils » ne se donnent même pas la peine de maquiller leurs intrigues – qui rivalisent de stupidité et de vulgarité, des jeux vidéo qui mettent le monde réel en pause, et des écrans partout qui tentent de l'escamoter. En attendant la vision virtuelle totale où, évoluant dans des décors au choix, oculus greffés dans la cornée, écouteurs vissés dans les oreilles étouffant les rumeurs de la vie, nous ne saurons plus que nous marchons sur un trottoir, que nous logeons dans dix mètres carrés et que nous sommes seuls pour un acte d'amour. Dispensés d'être au monde.

« Qu'on laisse un roi tout seul sans aucune satisfaction des sens, sans aucun besoin de l'esprit, sans compagnie, penser à lui tout à loisir, et l'on verra qu'un roi sans divertissement est un homme plein de misère. » Le silence, la solitude sont les ennemis que l'on s'acharne à éradiquer, la solitude au prix d'une solitude plus grande, décérébrée, s'ignorant dans le reflet de la multitude des réseaux sociaux, cherchant à se fuir dans des déplacements lointains où partout l'on emporte avec soi sa propre misère, et le silence en l'enfouissant sous un brouhaha infernal qui empêche d'aligner deux idées, que l'on comble par tout ce qui fait du bruit, musique comprise ou se prétendant telle, par tout ce qui s'agite, par les ricanements qui simulent l'art de la joie, par la frénésie qui simule un enthousiasme vital. « Mendier le tumulte », dit Pascal dans une de ses formules qui nous foudroie.

Le monde comme un toboggan vertigineux où l'on s'agrippe à la barre du garde-corps, cheveux à se décoller du crâne, cris mi-extasiés mi-effrayés, et jambes titubantes au moment de reposer les pieds sur terre. La vitesse, ou comment traverser au plus vite sa vie tout en réclamant qu'elle dure le plus longtemps possible. Résoudre ce casse-tête de la modernité. Le TGV se traînant, on nous prépare le « tube », ou comment voyager dans une canalisation. Éventuellement avec les eaux usées pour se donner une bonne conscience écologique. Ce qui permettra par la fenêtre du train entubé de voir passer les boîtes de conserve, les préservatifs, les tampons hygiéniques, les rats et les silures. Et comme il reste encore un peu d'atmosphère, on ne va pas se priver. On étudie la possibilité de lancer à très haute altitude des avions à statoréacteurs. « Le statoréacteur est un système de propulsion par réaction des aéronefs, dont la poussée est produite par éjection de gaz issus de la combustion d'un carburant, généralement le kérosène. » Non taxé, ne précise pas la fiche Wikipédia. Grâce à quoi le riche voisin de Marguerite Yourcenar pourra avaler son menu trois étoiles encore chaud. Ce qui économisera les trois minutes au micro-ondes. Un vrai progrès environnemental.

On peut dater assez précisément la fin de la patience, de l'épreuve de la patience, de l'arrivée des portables. Un film nous rappelle qu'en 1985 il était impossible de joindre quelqu'un dès lors qu'il n'était pas installé près d'un téléphone et n'avait pas d'adresse fixe où lui envoyer une lettre, ce qui obligeait le petit ami de l'héroïne à passer une petite annonce dans le journal comme un SOS dans l'espace : recherche Susan désespérément. Toute l'intrigue repose sur cette impossibilité, avec les quiproquos qui s'enchaînent. Aujourd'hui, le petit ami enverrait un texto : tu es où ? À New York, répondrait Susan. Le générique de fin tomberait trente secondes après le commencement du film et on sifflerait Madonna de nous avoir dérangés pour si peu.

La patience qui ronge, qui s'impatiente, qui prend sur elle, naît de l'attente et de l'espérance. Elle est la vertu première : attendre chaque matin le retour du soleil, attendre les beaux jours en observant le vol des oiseaux, attendre le passage biannuel des troupeaux de rennes et la remontée des saumons, attendre la moisson en comptant les lunaisons, attendre le dégel, la floraison, attendre que l'enfant marche, parle, grandisse. Sans la patience, il n'y a pas de monde, pas de vie. Dans aucune des cosmogonies venues jusqu'à nous le monde ne résulte d'un claquement de doigts. Même les dieux souvent irascibles ont dû faire preuve de patience. Dieu crée, invente, regarde, et trouve que, oui, ça le fait. Et aussi puissant soit-il, l'exercice selon la Genèse lui prend six jours.

La patience, c'est du temps. Du temps qui parfois ne voit rien venir, ou qui se laisse « désirer ». Du temps que l'on occupe de ses mains, de ses pensées, à contempler les nuages, à s'ennuyer. De la patience sont nés la réflexion, les tentatives infructueuses, les chemins de traverse, les réussites et les impasses. La patience qui réclame de la ténacité. Et il en fallut aux hommes du paléolithique supérieur pour traverser une période glaciaire de quarante mille ans, à qui rien n'était donné, sinon le dénuement, le froid et la peur. Mais la ténacité, le marché y voit de l'acharnement, de la sueur, de l'entêtement, de la contestation. D'où la cool attitude. Allons, allons, pourquoi se tuer au travail (ironie des puissants, on peut effectivement en mourir, de *burn-out* ou d'accident, ou les poumons rongés par les acides, ou le corps infesté par les pesticides). De sorte que faire l'éloge de la paresse, du farniente devient le leitmotiv de la propagande qui vante bateaux de croisière et piscines du bout du monde (le canotage et la baignade à domicile étant bien entendu jugés ringards).

Y adhérer, c'est en réalité faire le jeu des multimonstres. Ceux-là l'ont bien compris. Le travail qui fut leur credo vertueux, quasi biblique (tu gagneras ton pain à la sueur de ton front), avant que toutes ces lois sociales ineptes les obligent à le rémunérer, ce qui est le scandale des scandales, avant de le délocaliser vers des lois plus compréhensives, il leur est désormais davantage profitable de mettre les travailleurs au chômage que de les enchaîner à un établi ou à un bureau. Autre avantage, c'est la société qui paie. Mais entendons-nous, ou plutôt entendons-les, le chômage n'implique pas de se tourner béatement les pouces. Il convient de lui instiller suffisamment d'angoisse, de honte et de dépréciation de soi pour que les privés d'emploi ne se réjouissent pas de ce temps libéré. Afin qu'il n'y ait pas de confusion, le mot d'ordre est qu'on se donne ce qu'ils appellent du « bon temps » (qui est en réalité le temps du cholestérol, du bon cholestérol, il va de soi, le « mauvais temps » étant celui de la divagation de l'esprit et du vagabondage). Contestation muselée, esprits ankylosés, cerveaux « brouillés » (comme on brouillait les ondes radio pendant la guerre) ; « vive la paresse » clame le marché en nous mangeant ce qui nous reste de notre temps. Et une inscription sur une vitre du TGV de nous inciter : « Laissez-vous rêver. » Occupe-toi de ta transparence, vitre. C'est tout ce qu'on te demande.

Pour une fois, le chômage stagnant, pléthorique tourne à notre avantage. On ne risquera pas la pénurie de main-d'œuvre. Puisque le travail se fait si rare, qu'il est même condamné à ce qu'on nous annonce depuis que les robots se chargent de visser, penser, assembler, dormir sur place, ce qui leur évite les longs transports, autant se le partager. Non pas en cédant une petite heure parcimonieuse sur la semaine, mais comme le manteau que partage d'un coup d'épée saint Martin, pas dix centimètres carrés, non : on tranche en deux. Que les smicards puissent demander à travailler à mi-temps dont l'autre moitié sera entièrement compensée par un revenu sous forme de prestation ou de ce qu'on voudra, mais qu'il n'y ait pas un centime manquant. De quoi désengorger les files d'attente des bureaux de chômage et permettre la création d'emplois là où des plein-temps ne s'imposaient pas, dans les zones désertées, chez des artisans, commerçants et paysans, malades de solitude et de trop peu de moyens pour se faire aider. Ce qui, cet exode intérieur pour ceux qui n'en peuvent plus de l'entassement, du temps de déplacement, des habitats sonores et exigus, rapprochera le lieu de travail du lieu de vie, car là-bas, dans la grande diagonale du vide, ce n'est pas la place qui manque. Ce qui aura le même effet que la réintroduction du loup dans le parc de Yellowstone, qui, par la régulation des troupeaux de cervidés, entraîna un reboisement de la prairie, le retour des oiseaux, des castors et *in fine* la revivification des cours d'eau. Des emplois, donc des femmes et des hommes qui finissent par se rencontrer, donc des enfants, donc des écoles, donc des commerces, donc de la vie et le retour des services publics.

Comme la mesure retiendra l'attention de ceux qui ne sont pas concernés parce qu'ils gagnent un peu au-dessus tout en tirant la langue, proposer que tout salarié puisse demander à travailler à mi-temps dont l'autre moitié sera en partie compensée par un demi-Smic, quel que soit son salaire, ce qui rétablira une sorte d'équité. Nous verrions avec quel empressement la foule de ceux qui n'en peuvent plus de ces tâches ingrates et stupides va se précipiter. On entendra un grand ouf de soulagement à travers le pays. On s'arrangera, on consommera moins – ce qui ne peinera que les multi-monstres – mais on aura enfin du temps pour soi. Les possédants, les rentiers de la nouvelle rente s'étoufferont, crieront au non-sens économique, à la catastrophe, dénonceront, eux les rentiers, le risque de l'oisiveté avec son cortège de vices. À ces nantis pleureurs nous tendrons un mouchoir en papier recyclé de bons du trésor et d'emprunts russes.

Ce qui soulagera, cette mesure de santé publique, les travaux de sueur, les travaux de dur labeur, les travaux d'ennui, les travaux ineptes, les travaux hachés par des horaires se livrant au grand écart, ceux des « agents de surface » (des joueurs de curling, sans doute), des caissières et caissiers sommés de n'être là qu'aux heures de bousculade, quitte à faire trois allers-retours dans la journée. Ce qui incurvera en un rien de temps la courbe des demandeurs d'emploi, ce qui en finira avec l'absentéisme, ce qui soulagera la Sécurité sociale qui aura moins de malades, moins de stress, moins de *burn-out*, moins d'anémies, moins d'accidents du travail, moins de congés maladie, moins de médicaments à rembourser. Quant au coût de la mesure, les économies réalisées sur tous les tableaux en paieront une partie. Pour l'autre, piocher dans les niches fiscales et les aides mirifiques au patronat qui de toute façon n'en aura plus besoin, traquer la fraude fiscale, faire sauter la Légion sur les paradis fiscaux, au moins elle se rendra utile, et mettre en cellule de dégrisement fiscal ceux qui ne paient rien, Gafa en tête, imposer une taxe Tobin, de quoi largement gager la mesure. Et on aura du supplément.

Les monnaies locales créent d'elles-mêmes par le territoire d'échange qu'elles dessinent un protectionnisme sans frontières. Cet argent captif, non spéculatif, circulant dans un entre-soi de services et de compétences, se trouve de fait prisonnier de son aire de diffusion. Au moment où la tendance est à supprimer pièces et billets pour confier l'ensemble de l'économie mondiale à Visa et American Express, c'est une très haute forme de résistance à l'impérialisme financier même si celui-ci va se dépêcher, par des entourloupes dont il a le secret, de faire main basse sur cette manne qui lui échappe. À ceux qui par ce mitage du pays par des sociétés parallèles à la fois autonomes et reliées, incluses dans de grands ensembles gigognes, évoqueraient avec effroi le retour des querelles de clocher, rappelons que, à part quelques horions, c'est nettement moins dévastateur qu'une bataille des nations.

Et quand bien même les multi-monstres qui ne mettront pas genou à terre aussi facilement poursuivraient leurs activités criminelles, on peut aussi s'intéresser à certaines propositions pour freiner leur appétit insatiable : retour du *Glass-Steagal Act* qui garantit les dépôts bancaires, interdiction du *high frequency trading*, ces transactions à haute fréquence gérées par des algorithmes, ce qui renvoie à la préhistoire le bras levé des courtiers hystériques autour de la corbeille (non, pas à la préhistoire, nos ancêtres n'étaient pas aussi stupides), interdiction des ventes à découvert, les VAD (ce n'est pas parce que je n'ai pas l'argent que je ne peux pas en gagner), interdiction de tout trafic des banques avec les paradis fiscaux (même Merkel en 2008 proposait de leur retirer leur licence en cas d'infraction et de poursuivre les fraudeurs). La haute finance a sa novlangue, qui dissimule sous des manœuvres prétendument réservées aux initiés, *subprimes, credit crunch, bank run*, de pures escroqueries. Le monde est sous la coupe d'un super-gang des postiches qui siège impuni, le parachute doré arrimé dans le dos, dans les conseils d'administration.

Le temps que notre Terre/Commune s'organise, on peut aussi prêter une oreille à cette autre proposition d'un économiste suisse : taxer toutes les transactions financières. Avec un prélèvement de l'ordre de 0,2 %, ce qui est bien loin de la TVA, on pourrait supprimer l'ensemble des impôts directs et indirects. « Plutôt que de taxer le travail qui se raréfie il faut taxer les flux financiers qui eux se multiplient. » En quoi on s'accorde sur le principe. Et comme les puissants échappent déjà à l'impôt avec la complicité de leurs valets gouvernants, de rétablir des barrières d'octroi au milieu des transactions, ça ne pourra pas être moins efficace. Et Marc Chesney ajoute : « Tout le monde y gagnerait sauf les grandes banques qui utilisent le trading à haute fréquence et qui passent de nombreux ordres. » Que les banques soient les seules perdantes – et des pertes relatives, sans doute – ça vaut la peine d'en discuter. Mais ça doit gêner quelque part. Et comme on est en Suisse, le paradis des…, on devine les résistances.

Un prélèvement à taux progressif serait cependant le bienvenu. Pour le moral, et cette espèce de morale qui trouve indécent que certains s'en tirent mieux que d'autres. Et qu'on n'avance pas l'argument du mérite. Quel mérite ? D'être une force de la nature ? D'avoir du talent pour escroquer son prochain ? D'avoir l'oreille absolue ? Une main habile ? D'être né dans un berceau doré plutôt que dans une mangeoire ? Une fois pour toutes, il n'y a pas de mérite à avoir du mérite. La méritocratie est un concept inventé par les puissants destiné à légitimer ce qui précisément ne demande aucun mérite.

Ce mi-temps dégagé sera un temps à tout faire. À faire d'abord ce qu'on en voudra. Un temps à passer à vélo devant les stations-service, un temps à faire la nique à Monsanto et tous les fabricants de *junk food* (la traduction a le mérite d'être claire : nourriture pourrie) en préparant des plats de légumiste qui ne devront rien à la sale cuisine de laboratoire et tout aux soins patients d'un jardinier attentif à ne pas abîmer le sol et à le restituer à nos descendants tel qu'il était dans les jardins d'Éden. Un temps à faire sauter une poêlée de rosés-des-prés, à laisser tremper les fèves et reposer la pâte. Un temps qui gommera la souffrance animale, un temps à croiser le regard paisible d'une vache qui ne craindra pas plus pour sa vie que les chevaux de Prjewalski déambulant sur le causse Méjean. Un temps à laisser la souris jouer en paix, ce que tentait d'expliquer en 1796 un chef indien au gouverneur de Pennsylvanie qui ne devait y entendre que des propos de sauvage. Un temps à papillons et lucioles. Un temps à converser du temps qu'il fait et du temps qui passe. Un temps à raconter des histoires aux enfants, à les écouter sans agacement réciter leurs leçons, un temps à les laisser sauter dans les flaques sans pousser de hauts cris. Un temps à souffler, à éprouver un peu de compassion pour soi, un temps à aider spontanément son voisin. Un temps à recycler ce qui peut l'être et faire d'une cabine téléphonique abandonnée un triplex pour les oiseaux de passage. Un temps à dépolluer la vallée de l'Orbiel, rongée par l'arsenic, à démonter les pièces d'une ancienne pompe à eau et les poser nettoyées, huilées sur un drap usagé. Un temps à ôter ses oreillettes qui sont un empêchement au chant – je suis un homme malheureux, disait un vieux Navajo, je ne connais aucune chanson. Un temps à composer, à dessiner, à marcher le nez au vent, comme nos ancêtres aurignaciens, à moins que nous ne soyons plus bêtes qu'eux, ce qui n'est pas impossible, un temps à retirer la poutre dans son œil. Un temps à étendre le linge au premier rayon de soleil. Un temps à enfouir dans la jardinière les semis de printemps, un temps à partager semences, compétences et conseils. Un temps à recevoir sans manières une corbeille de légumes déposée devant sa porte. Un temps à s'étirer le matin devant un papier à fleurs. Un temps d'alouette en ouvrant les volets. Un temps à repeindre aux couleurs de *Sergent Pepper's* quatre nains de jardin traversant en file indienne un parterre de simples.

Paris-Mirabel
25 septembre-31 décembre 2018

DU MÊME AUTEUR

Le livre des morts

Les Champs d'honneur
Minuit, 1996
Flammarion, 2019

Des hommes illustres
Minuit, 1993, 1999

Le Monde à peu près
Minuit, 1996

Pour vos cadeaux
Minuit, 1998

Sur la scène comme au ciel
Minuit, 1999

La déposition du roman

L'Invention de l'auteur
Gallimard, 2004, 2005

L'Imitation du bonheur
Gallimard, 2006

La Femme promise
Gallimard, 2009, 2010

La vie poétique

Comment gagner sa vie honnêtement
Gallimard, 2011, 2012

Une façon de chanter
Gallimard, 2012, 2013

Un peu la guerre
Grasset, 2014, 2015

Être un écrivain
Grasset, 2015

Kiosque
Grasset, 2019
et « Points », n° P5143

Manifestes littéraires

La Désincarnation
Gallimard, 2001, 2002

Misère du roman
Grasset, 2015

Marginalia

Les Corps infinis
(peintures de Pierre-Marie Brisson)
Actes Sud, 2001

Préhistoires
Gallimard, 2012

La Fiancée juive
Gallimard, 2008

Évangile (selon moi)
Busclats, 2010

Éclats de 14
Dialogue, 2014

Stances
Busclats, 2017

La Splendeur escamotée de Frère Cheval
Ou le secret des grottes ornées
Grasset, 2018

Théâtre

Les Très Riches Heures
Minuit, 1997

La Fuite en Chine
Les Impressions nouvelles, 2006

Bandes dessinées / Livres pour la jeunesse

Les Champs d'honneur
(dessins de Denis Deprez)
Casterman, 2005

Moby Dick
(dessins de Denis Deprez)
Casterman, 2007

La belle au lézard dans son cadre doré
(illustrations de Yan Nascimbene)
Albin Michel-Jeunesse, 2002

Souvenirs de mon oncle
Naïve, 2009

Autres ouvrages

Jean-Michel Vecchiet, autoritratto
Actes Sud, 1991

Régional et drôle
Joca seria, 2001

Sage passage à Tanger
Domens, 2004

Manifestation de notre désintérêt
Climats, 2013

Tout paradis n'est pas perdu
Chronique de 2015 à la lumière de 1905
Grasset, 2016

Plumes et Goudron
Le Petit Écart, 2019

RÉALISATION : NORD COMPO À VILLENEUVE-D'ASCQ
IMPRESSION : CPI FRANCE
DÉPÔT LÉGAL : MARS 2021. N° 147066 (3041759)
IMPRIMÉ EN FRANCE

Éditions Points

Collection Points Documents

P5018. La Danse du chagrin, *Bernie Bonvoisin*
P5019. Peur, *Bob Woodward*
P5020. Secrets de flic. Guerre des polices, stups et mafia, l'ex-patron de la PJ raconte, *Bernard Petit*
P5033. Baroque Sarabande, *Christiane Taubira*
P5050. Le Syndrome de la chouquette, *Nicolas Santolaria*
P5051. Ça commence par moi, *Julien Vidal*
P5056. D'argent et de sang, *Fabrice Arfi*
P5065. Mais ne sombre pas, *Aristide Barraud*
P5066. La Vie sexuelle en France, *Janine Mossuz-Lavau*
P5079. De l'aube à l'aube, *Alain Bashung*
P5080. Journal d'un observateur, *Alain Duhamel*
P5081. C'est aujourd'hui que je vous aime, *François Morel*
P5082. Crépuscule, *Juan Branco*
P5083. Les Fabuleuses Aventures de Nellie Bly, *Nellie Bly*
P5084. Le Roman du Canard, *Patrick Rambaud*
P5085. Les Aventures illustrées de Pensouillard le hamster. Comment apprivoiser l'ego, *Serge Marquis*
P5120. Comment j'ai arrêté de manger les animaux *Hugo Clément*
P5157. Nous habitons la Terre, *Christiane Taubira*
P5158. Edgar Morin : l'indiscipliné, *Emmanuel Lemieux*
P5159. Set the Boy Free, *Johnny Marr*
P5160. Le Magot. Fourniret et le gang des Postiches : mortelle rencontre, *Patricia Tourancheau*
P5206. Va où il est impossible d'aller. Mémoires *Costa-Gavras*
P5207. Tous les films sont politiques. Pour Costa-Gavras *Edwy Plenel*
P5208. Marthe Richard ou les beaux mensonges *Nicolas D'Estienne d'Orves*
P5209. Les Imprudents. Sur les traces des résistants du maquis Bir-Hakeim, *Olivier Bertrand*
P5254. Mémoires vives, *Edward Snowden*
P5255. La Plus Belle Histoire de l'intelligence *Stanislas Dehaene, Yann Le Cun, Jacques Girardon*
P5289. La Fabrique du crétin digital, *Michel Desmurget*
P5290. Le Grand Manipulateur. Les réseaux secrets de Macron *Marc Endeweld*

P5291. Vieillir ensemble. Un tour du monde des solutions qui rapprochent les générations, *Clément Boxefeld, Julia Chourri*

P5316. La Chute du monstre. Marseille année zéro *Philippe Pujol*

P5317. Lesbos, la honte de l'Europe, *Jean Ziegler*

P5318. Algérie. La nouvelle indépendance, *Jean-Pierre Filiu*

P5350. L'Avenir des simples, *Jean Rouaud*

P5351. La Solitude de François, *Marco Politi*

Éditions Points

DERNIERS TITRES PARUS

P5205. Travelling. Un tour du monde sans avion
Tangy Viel, Christian Garcin
P5209. Les Imprudents. Sur les traces des résistants du maquis Bir-Hakeim, *Olivier Bertrand*
P5210. Maudits mots. La fabrique des insultes racistes
Marie Treps
P5212. En marge, *Silvia Baron Supervielle*
P5213. Le Cœur et la Chair, *Ambrose Parry*
P5215. Crime et Délice, *Jonathan Kellerman*
P5216. Le Sang noir des hommes, *Julien Suaudeau*
P5217. À l'ombre de l'eau, *Maïko Kato*
P5218. Vik, *Ragnar Jónasson*
P5219. Koba, *Robert Littell*
P5220. Le Dernier Thriller norvégien, *Luc Chomarat*
P5222. Steak machine, *Geoffrey Le Guilcher*
P5224. Petit Traité de bienveillance envers soi-même
Serge Marquis
P5225. Sex & Rage, *Eve Babitz*
P5226. Histoire de ma vie, *Henry Darger*
P5227. Hors-bord, *Renata Adler*
P5228. N'oublie pas de te souvenir, *Jean Contrucci*
P5229. Mur méditerranée, *Louis-Philippe Dalembert*
P5230. La Débâcle, *Romain Slocombe*
P5231. À crier dans les ruines, *Alexandra Koszelyk*
P5233. Nuit d'épine, *Christiane Taubira*
P5234. Les Fillettes, *Clarisse Gorokhoff*
P5235. Le Télégraphiste de Chopin, *Eric Faye*
P5236. La Terre invisible, *Hubert Mingarelli*
P5237. Une vue exceptionnelle, *Jean Mattern*
P5238. Louvre, *Josselin Guillois*
P5239. Les Petits de décembre, *Kaouther Adimi*
P5240. Les Yeux rouges, *Myriam Leroy*
P5241. Dévorer le ciel, *Paolo Giordano*
P5242. Amazonia, *Patrick Deville*
P5243. La Grande à bouche molle, *Philippe Jaenada*
P5244. L'Heure d'été, *Prune Antoine*
P5245. Pourquoi je déteste l'économie, *Robert Benchley*
P5246. Cora dans la spirale, *Vincent Message*
P5247. La Danse du roi, *Mohammed Dib*
P5248. Il était une fois dans l'Est, *Arpád Soltész*

P5249. La Tentation du pardon, *Donna Leon*
P5250. Ah, les braves gens !, *Franz Bartelt*
P5251. Crois-le !, *Patrice Guirao*
P5252. Lyao-Ly, *Patrice Guirao*
P5253. À sang perdu, *Rae DelBianco*
P5254. Mémoires vives, *Edward Snowden*
P5255. La Plus Belle Histoire de l'intelligence
Stanislas Dehaene, Yann Le Cun, Jacques Girardon
P5256. J'ai oublié, *Bulle Ogier, Anne Diatkine*
P5257. Endurance. L'incroyable voyage de Shackleton
Alfred Lansing
P5258. Le Cheval des Sforza, *Marco Malvaldi*
P5259. La Purge, *Arthur Nesnidal*
P5260. Eva, *Arturo Pérez-Reverte*
P5261. Alex Verus. Destinée, tome 1, *Benedict Jacka*
P5262. Alex Verus. Malediction, tome 2, *Benedict Jacka*
P5263. Alex Verus. Persécution, tome 3, *Benedict Jacka*
P5264. Neptune Avenue, *Bernard Comment*
P5265. Dernière Sommation, *David Dufresne*
P5266. Dans la maison de la liberté, *David Grossman*
P5267. Le Roman de Bolaño, *Gilles Marchand, Eric Bonnargent*
P5268. La Plus Précieuse des marchandises. Un conte
Jean-Claude Grumberg
P5269. L'avenir de la planète commence dans notre assiette
Jonathan Safran Foer
P5270. Le Maître des poupées, *Joyce Carol Oates*
P5271. Un livre de martyrs américains, *Joyce Carol Oates*
P5272. Passe-moi le champagne, j'ai un chat dans la gorge
Loïc Prigent
P5273. Invasion, *Luke Rhinehart*
P5274. L'Extase du selfie. Et autres gestes qui nous disent
Philippe Delerm
P5275. Archives des enfants perdus, *Valeria Luiselli*
P5276. Ida, *Hélène Bessette*
P5277. Une vie violente, *Pier Paolo Pasolini*
P5278. À cinq ans, je suis devenue terre-à-terre, *Jeanne Cherhal*
P5279. Encore plus de bonbons sur la langue. Le français
n'a jamais fini de vous surprendre !, *Muriel Gilbert*
P5280. L'Ivre de mots, *Stéphane de Groodt*
P5281. The Flame, *Leonard Cohen*
P5282. L'Artiste, *Antonin Varenne*
P5283. Les Roses de la nuit, *Arnaldur Indridason*
P5284. Le Diable et Sherlock Holmes, *David Grann*
P5285. Coups de vieux, *Dominique Forma*
P5286. L'Offrande grecque, *Philip Kerr*

P5287. Régression, *Fabrice Papillon*
P5288. Un autre jour, *Valentin Musso*
P5289. La Fabrique du crétin digital, *Michel Desmurget*
P5290. Le Grand Manipulateur. Les réseaux secrets de Macron *Marc Endeweld*
P5291. Vieillir ensemble. Un tour du monde des solutions qui rapprochent les générations *Clément Boxefeld, Julia Chourri*
P5292. La vie est une célébration, *Mata Amritanandamayi*
P5293. Les Plus Beaux Contes zen, *Henri Brunel*
P5295. L'Indomptée. La papesse Jeanne, *Donna Cross*
P5296. Au cœur de la violence, *Edouard Louis*
P5297. Querelle, *Kevin Lambert*
P5298. Ordesa, *Manuel Vilas*
P5299. Papa, *Régis Jauffret*
P5300. Un peu, beaucoup, passionnément, à la folie, pas du tout *Alice Munro*
P5301. Ainsi parlait ma mère, *Rachid Benzine*
P5302. Lake Success, *Gary Shteyngart*
P5303. L'Ombre d'un père, *Christoph Hein*
P5304. Nino dans la nuit, *Simon Johannin, Capucine Johannin*
P5305. Zébu Boy, *Aurélie Champagne*
P5306. Monsieur le Commandant, *Romain Slocombe*
P5307. Le Bureau des jours perdus et Autres Récits étranges *Eric Faye*
P5308. Ces îles de plein sel et autres poèmes *Louis-Philippe Dalembert*
P5309. Habitant de nulle part, originaire de partout *Souleymane Diamanka*
P5310. Hammett Détective, *Stéphanie Benson, Benjamin et Julien Guérif, Jérôme Leroy, Marcus Malte, Jean-Hugues Oppel, Benoît Séverac, Marc Villard, Tim Willocks*
P5311. L'Arbre aux fées, *B. Michael Radburn*
P5312. Le Coffre, *Jacky Schwartzmann, Lucian-Dragos Bogdan*
P5313. Le Manteau de neige, *Nicolas Leclerc*
P5314. L'Île au secret, *Ragnar Jónasson*
P5315. Sous les eaux noires, *Lori Roy*
P5316. La Chute du monstre. Marseille année zéro *Philippe Pujol*
P5317. Lesbos, la honte de l'Europe, *Jean Ziegler*
P5318. Algérie. La nouvelle indépendance, *Jean-Pierre Filiu*
P5319. L'Effet maternel, *Virginie Linhart*
P5320. L'Amour, le rôle de notre vie. Rééduquer les cœurs *Sarah Serievic*
P5321. Comme au cinéma, *Fiona Kidman*

P5322. La Déesse des mouches à feu, *Geneviève Pettersen*
P5323. Dé mem brer, *Joyce Carol Oates*
P5324. Conversations entre amis, *Sally Rooney*
P5325. Tous les hommes n'habitent pas le monde de la même façon, *Jean-Paul Dubois*
P5326. La Leçon de ténèbre, *Léonor de Récondo*
P5327. Disparaître, *Mathieu Menegaux*
P5328. Le Cercle des hommes, *Pascal Manoukian*
P5329. Il y a un seul amour, *Santiago H. Amigorena*
P5330. Solénoïde, *Mircea Cărtărescu*
P5331. « La vraie vie est absente ». Et autres fragments rimbaldiens. *Suivi du* Dictionnaire homo-érotique *Arthur Rimbaud, Frédéric Martel*
P5332. Un participe qui ne passe pas, *Bernard Cerquiglini*
P5333. La Monnaie des songes et autres recueils *Marie-Christine Gordien*
P5334. Une jupe trop courte. Récits de la cuisine, *Sofi Oksanen*
P5335. L'Homme aux murmures, *Alex North*
P5336. Jeux de dames, *André Buffard*
P5337. Les Fantômes de Reykjavik, *Arnaldur Indridason*
P5338. La Défaite des idoles, *Benjamin Dierstein*
P5339. Les Ombres de la toile, *Christopher Brookmyre*
P5340. Dry Bones, *Craig Johnson*
P5341. Une femme de rêve, *Dominique Sylvain*
P5342. Les Oubliés de Londres, *Eva Dolan*
P5343. Chinatown Beat, *Henry Chang*
P5344. Sang chaud, *Kim Un-Su*
P5345. Si tu nous regardes, *Patrice Guirao*
P5346. Tu vois !, *Patrice Guirao*
P5347. Du sang sur l'asphalte, *Sara Gran*
P5348. Cool Killer, *Sébastien Dourver*
P5349. City of Windows, *Robert Pobi*
P5350. L'Avenir des simples, *Jean Rouaud*
P5351. La Solitude de François, *Marco Politi*
P5352. Jenny Bel'Air, une créature, *François Jonquet*
P5353. Sororité, *Chloé Delaume, Collectif*
P5354. Le Regard féminin. Une révolution à l'écran, *Iris Brey*
P5355. Le Sexe selon Maïa. Au-delà des idées reçues *Maïa Mazaurette*
P5356. Testo Junkie. Sexe, drogue et biopolitique *Paul B. Preciado*
P5357. Heureux et Grincheux. 108 conseils d'un moine bouddhiste pour profiter de la vie, *Ajahn Brahm*
P5358. Voyage sans cartes, *Graham Greene*
P5359. La Folle Équipée, *Patrice Franceschi*